校园心理危机干预策略研究

叶 芹 刘佳敏 闫 方 著

中国纺织出版社有限公司

内 容 提 要

本书围绕校园心理危机识别与干预这一中心议题，设置校园心理危机干预体系建设导览、人际交往、学习就业、自我认知、情绪情感、社会适应和社会化六个版块，以案例分析的形式，通过解析校园欺凌、攻击行为、失恋、师生冲突、嫉妒、焦虑、厌学、体像烦恼、暴躁、抑郁、强迫、自残、网络游戏成瘾等常见案例，帮助职业学校及中小学的班主任和德育干部准确识别、应对和干预学生心理危机。

图书在版编目（CIP）数据

校园心理危机干预策略研究 / 叶芹，刘佳敏，闫方著. -- 北京 ： 中国纺织出版社有限公司，2022.12
ISBN 978-7-5229-0239-5

Ⅰ．①校… Ⅱ．①叶… ②刘… ③闫… Ⅲ．①学生－心理干预－研究 Ⅳ．①G444

中国版本图书馆 CIP 数据核字（2022）第 248482 号

责任编辑：柳华君　　责任校对：王蕙莹　　责任印制：储志伟

中国纺织出版社有限公司出版发行
地址：北京市朝阳区百子湾东里 A407 号楼　邮政编码：100124
销售电话：010—67004422　传真：010—87155801
http://www.c-textilep.com
中国纺织出版社天猫旗舰店
官方微博 http://weibo.com/2119887771
三河市宏盛印务有限公司印刷　各地新华书店经销
2022 年 12 月第 1 版第 1 次印刷
开本：787 × 1092　1/16　印张：9.75
字数：200 千字　定价：98.00 元

凡购本书，如有缺页、倒页、脱页，由本社图书营销中心调换

近年来，校园大学生心理健康教育工作已引起国家的高度重视。教育部于 2011 年出台了《普通高等学校学生心理健康教育工作基本建设标准（试行）》，充分肯定了大学生心理健康教育的重要性，以推进我国大学生心理健康教育工作科学化建设、促进大学生健康成长、培养造就拔尖创新人才，进一步全面贯彻党的教育方针、建设人力资源强国，推动高等教育改革、加强和改进大学生思想政治教育。

《高校思想政治工作质量提升工程实施纲要》对高校心理育人质量提升体系也提出了明确要求，特别是强调要充分利用网络等媒体，营造心理健康教育的良好氛围。政策文件的相继出台，为开展大学生心理健康教育提供了强有力的政策支撑，标志着校园大学生心理健康教育工作不只是学校的行为，而且是国家规定的素质教育行为，是全面推进素质教育的重要举措，是促进大学生健康成长、培养高素质合格人才的重要途径，也是加强和改进大学生思想政治教育的重要任务。

在高校中，学生是高等教育的主体。随着我国高等教育的发展，高等教育大众化的实现，大学生来自学习、就业、人际交往、生活等方面的压力变大，心理健康问题也逐渐凸显。特别是随着"00 后"走上历史舞台，进入高校学习，时代赋予他们的个性特征使得他们有了不同的大学生标签，他们的父母等长辈都是"望子成龙""望女成凤"，加之过于宠爱，使得他们的思维方式与认识世界的能力发生了很大变化，逐渐形成其独特的人格，如自我评价与自我期望偏离实际等，他们自身的心理平衡系统还有待健全。而入学后他们步入新的环境，包括学校、城市都是新的生存环境，面临着新的学习、就业等压力。外界环境的复杂性、不确定性与心理成长滞后性的作用，使得大学生的心理问题逐年累积，由心理问题引发的心理危机呈上升趋势。

目前，我国校园心理健康教育的实施手段更加科学化、现代化，逐渐形成以心理健康课程教学为主渠道、以学校心理咨询中心为主阵地、以学生工作队伍为主力、以大学生社团为补充的比较完善的大学生心理健康教育工作格局。但许多校园心理健康教育是以补救为主，重点放在个别有心理困扰和问题的学生身上，没有投入较多精力对大学生群体进行分类研究，对于大学生心理方面的高危群体缺乏关注，如新生群体、贫困生群体、毕业生群体、女大学生群体等，也没有为其提供有效的心理帮扶。

心理危机预防是校园大学生心理健康教育的应有之义。高校在开展大学生心理健康教育的过程中，心理危机预防是避不开的工作环节，是高校亟须重视的工作内容。在此背景下，本书对校园大学生心理危机预防的教育策略进行研究，探究当下校园心理健康教育工作当中关于心理危机预防教育工作的现状，并结合实际提出心理危机预防教育策略的新思考，为高校学生心理健康教育工作提供有效的借鉴。

著者

2022 年 10 月

目录

第一章　危机干预基础知识

第一节　危机干预简史

心理危机干预最早产生于美国、荷兰等国，早在 20 世纪 70 年代危机干预课题就成了世界卫生组织的重要研究对象；最近二三十年更是发展迅猛，迅速传播至其他西方国家。心理危机干预咨询深入社区，成为社区心理卫生保健不可或缺的重要组成部分，同时在应对和解决社会上的应激事件和预防疾病方面发挥着不可忽视的作用。心理危机干预工作由医生、社会工作者或心理学家、护士等人员组成的工作小组，开设热线电话，另设门诊或短期病房，一般在几周内能够帮助患者解决当前的问题。心理危机干预与一般心理咨询和治疗的区别在于，它是发生在紧急情况下的一种短期心理治疗，注重帮助患者解决眼前的生存危机问题，立即采取迅速有效的行动是它的突出特征。虽然存在明显的不足，即无法彻底解决患者的心理问题，但是其立竿见影的治疗效果能够在重大危机事件中发挥重要的作用。

一、校园大学生心理危机干预的变迁和发展

（一）我国心理危机干预工作的起步阶段

在 1949 年中华人民共和国成立后很长一段时间，国内的心理学研究是处于空缺状态的。国内心理危机干预工作真正的起步是在 20 世纪 90 年代，引进了国外的心理危机干预理论，并在很长一段时间里对这些理论进行学习、吸收和创新。

中国第一所心理危机干预中心于 1992 年 5 月 30 日在南京神经精神病防治院成立。该中心面向的人群是所有人，包括高校的大学生，目的是帮助他们应对消极悲观的思想和轻生念头，拯救生命。主要方式是设立心理危机专线电话，在每天 8：00—23：00 之间提供免费服务。心理危机干预以设立热线电话进行心理危机救援的方式发展起来，心理学者也开始对热线电话心理危机干预的作用进行研究。

（二）心理危机干预评定的探索发展阶段

2005 年，教育部在《关于进一步加强和改进大学生心理健康教育的意见》中明确要

求，高校要加强大学生心理危机干预工作，努力构建并完善各种危机干预机制，由此推动了高校心理危机干预工作的开展。

2008年"5·12"汶川大地震之后，大量人员伤亡给当地人民造成了严重的应激性精神创伤，甚至产生了极端的焦虑、抑郁等情绪，这些严重影响灾后重建和正常生活的开展。

因此，我国对心理危机干预工作的重视程度也达到了前所未有的高度。不少学者和专家响应国家号召和社会需求，积极加入到心理危机干预研究的行列中。研究主要集中在对心理危机干预的原因剖析、存在问题、建议及应对措施等方面，少部分学者涉及心理危机干预的阶段和模式研究。因为心理危机干预并不一定都是按照线性发展的，所以任务模型的出现具有其合理性。

（三）心理危机干预体系的质量提升阶段

大学生心理危机干预对策和机制研究存在着非常多的共性，心理危机干预体系质量提升阶段主要可以概括为以下几个方面。

（1）在高校普及大学生心理健康教育，让大学生知晓有哪些常见的心理问题，了解基本的心理自我疏导和调节方法，帮助大学生建立良好的心理保健意识，引导学生树立正确的心理健康观念。

（2）重视和加强大学生心理健康普查、约谈工作，为每位大学生建立一份心理档案。目的是发现潜在的有心理危机的学生，重点关注和给予支持，有效预防和减少心理危机事件的发生。

（3）着重打造和推进专业心理健康教育和咨询队伍的建设和发展。高校不仅要重视现有专业人员的培训和能力提升，提供技术支持和学习机会，同时还需要不断扩大队伍，引进更多有相关专业背景的人员，持续注入新鲜血液并激发活力。

（4）建立和完善系统全面的心理危机干预机制。成立专门的心理危机干预工作小组，包括学生工作管理部门、具体负责的辅导员、心理咨询专业团队、保卫部门、校医务部门、当地精神科医疗机构，各部门相互配合，协同合作。

（5）重视和加强家校合作的心理危机干预机制。家庭成长环境对学生的心理危机事件发生和发展有着重要影响。同时，家长是学生的第一监护人，他们有权利也有责任了解学生在校的学习、生活情况，更需要共同参与到学生的心理危机干预工作中，形成家校合力，帮助学生走出危机状态。

（6）必须全面加强和丰富高校的校园文化建设活动，以满足大学生的精神需求和心理需要。使学生在参与过程中，体验到积极向上的情绪情感，感受到集体活动的团结合作氛围，展现出大学生应有的朝气和活力，以升华的方式合理宣泄内心潜藏的诉求；同时，有效帮助其缓解学业、就业等带来的压力，形成积极向上、团结友爱、幸福和谐的校园风尚。

（7）国内只有少部分学者和专家在研究心理危机干预的模型，而其中大部分人在研究阶段性模型，个别学者提出了任务模型。任务模型包含三个连续任务——评估、保障安全、提供支持，以及四个焦点任务——建立联系、重建控制、问题解决、后续追踪，更加突出了心理危机干预的灵活性。这个任务模型元素清晰且明确，方便心理危机干预工作人员随时去检视和审慎实际操作过程和步骤是否符合标准，是否具备高效和及时等特点。这个优势对今后心理危机干预人员的培训和学习、反思和督导、研究和实践等都有极强的指导意义。

二、校园大学生心理危机干预的发展趋势

自媒体时代对高校心理危机干预工作带来了新的挑战，高校必须守好网络舆情这块阵地。及时、正确的网络舆论引导，可以有效减弱心理危机事件对大学生心理健康的负面影响，帮助其重拾信心，正确面对人生。自媒体时代信息传播的速度远超想象，心理危机事件发生的第一时间，周围群体就会通过各种各样的途径获取信息。此时，传播途径多种多样，很容易出现内容良莠不齐、信息真假难辨、舆论导向不一等现象，及时高效地介入，勇敢正面地发声，将网络舆论的主导权掌握在高校自身手中。因此需要不断转换工作思维，创新工作方式，准确掌握舆情信息，进行识别和预警，防范危机事件持续发酵，减少恐慌等情绪蔓延，将负面影响降至最低。高校利用自媒体实施心理危机干预是新时代的需求，必须紧跟时代步伐。高校必须重视和加强微信公众号、QQ空间、贴吧、视频网站、微博等自媒体平台建设，有自己发声的渠道；同时普及心理健康知识，将自媒体平台的优势和心理危机干预工作结合起来，是未来发展的一大趋势。

利用家庭治疗模式来实现心理危机干预工作中家校合作途径的创新。例如，有国内学者研究萨提亚模式的基本理论对促进家校合作的适用性。积极、正向的信念能够帮助教育者和家长更加欣赏学生的优点和长处，在遇到心理危机时，能够挖掘学生身上积极向上的潜能去应对问题。平等、互动的沟通技术运用可以帮助学生和家长建立良好的沟通桥梁，感受到美好的心理体验，帮助学生和家长之间建立更好的联结。通过这种方式，能够让学生、家长、学校三方的意识都聚焦在学生的个人成长发展上，而不是危机事件的追根究底上。在实际操作中，一方面高校可以利用萨提亚模式构建网络平台，开展家长课堂、家长论坛等，积极向学生家长开展心理健康知识的普及和传播，强调家庭建设在学生成长成才中的重要性；另一方面可成立专门的家校沟通部门，或安排专业人员负责和家长的沟通，尤其是对在心理危机事件中的学生进行帮扶以及同其家长进行沟通。

在各种理论视角下的心理危机干预研究越来越多，跨学科、跨方向的交流和融合也将成为一种趋势。例如，社会支持理论视角下的大学生心理危机干预系统的构建，文化视角下的大学生心理危机干预研究，"4R"管理模式在大学生心理危机干预中的路径分析，积极心理学视角下的大学生心理危机干预研究等。多视角、多学科、多维度地研究，必能推

进大学生心理危机干预研究更加深入和系统，也能更好地指导实际的大学生心理危机干预工作。

第二节 危机定义

一、心理危机的定义及分类

（一）心理危机的定义

心理危机是指个体面临重大生活事件如亲人死亡、婚姻破裂或天灾人祸等，既不能回避，又无法用通常解决问题的方法来应对时所出现的一种心理失衡状态（Burl E. Gilliland, Richard K. James, 2000），这是目前对于心理危机最为普遍也是接受度最高的说法（崔丽娜，2009）。

（二）心理危机的分类

心理学家布拉默（Brammer）认为，心理危机可以分为以下三类。

成长性危机亦称作发展性危机，是指人在成长过程中可能出现的心理危机，成长性危机是可预见的，如刚开始上学、步入大学、离开父母等都有可能引发成长性危机。

境遇性危机又称环境性危机（Caplan G., 1974），是指由情境引发的，可以看见的或个人无法预测和控制的危机，其特点主要有随机性、突然性、震撼性、灾害性和强烈性。情境性危机具体表现为以下几点：基本需求的丧失、重大自然灾害、重大人为事件等。

存在性危机是指人在成长和发展过程中，面临一些重要的人生问题无法回答或做出决策时，出现的内心的纠结和焦虑（郑慧，2016）。

二、大学生心理危机事件产生的特征分析

（一）普遍性

普遍性是指事件发生的常见性和必然性。在本研究中，心理危机指的是在每个人的成长过程中都会遇到的问题。几乎无人能幸免，成长中的学生也不例外。心理危机是个体中非常正常的、非均衡的状态，也是一种比较正常的生活经历，并不是病理或者疾病过程。心理危机表明，个体正在努力地对抗，以求保证自身与外界环境达到相对平衡的状态。虽然中学生的心理危机是无法完全避免的，但是通过分析原因，整理特征，提出策略是可以使大学生安全渡过心理危机的。

（二）复杂性

大学生心理危机是复杂的，产生危机的原因是复杂的，危机的来源也是复杂的。造成

这种危机的原因也是多方面、多层次的。可能是心理层面的，比如个性、需要、价值等；也可能是生理层面的，比如疾病、成长发生的变化等；还可能是社会层面的，比如文化冲突、社会变革等。危机的来源可能是环境压力这种外部来源，也可能是个体生理心理变化这种内部来源。

（三）时代性

大学生心理危机问题有着时代性特征，体现了整体社会大环境、时代对大学生的影响和要求。不同时代青年有不同的问题，这种心理危机和大环境紧密相关。比如，20 世纪 70 年代的大学生不会因为电子产品而产生危机，但是当今大学生就会存在这样的问题；再比如，市场经济条件下，升学问题给当今的大学生带来了很大压力，如果不能妥善处理，心理危机就自然会出现。

三、学校心理危机的定义及类型

（一）学校心理危机的定义

目前对于学校心理危机的定义，不同的学者持有不同的看法。

校园心理危机应该包含以下两点。

对学校整体而言：校园安全受到威胁，学校运用过去的处理模式或方法无法解决，使校园遭受巨大伤害。

对学校中的个体而言：当学校师生、员工遭到伤害而无法适当处理时，使个体即将（或可能）发生重大伤害和变故（许龙君，2010）。

学校心理危机即指发生在校园内外的事件给学校造成严重伤害，使其不能正常运作，并对学校全体成员或部分成员产生影响，造成心理或生理伤害，通常这些事件无法按照一般或惯常做法来处理，使遭受的伤害持续存在或扩大，紧张与焦虑不断提升，陷于束手无策的无力感状态（谢亚妮，2011）。本文倾向于采用谢亚妮的观点，学校心理危机是指发生在校园内外的危机事件给学校以及其成员造成一定程度的影响或伤害，且无法通过惯常方法解决的一种失衡状态。

（二）学校心理危机的类型

学校心理危机也称为学校危机、校园危机（Shrestha B.，1990），关于校园危机的分类，主要分为意外事件、安全维护事件、暴力与偏差行为事件、管教冲突事件、儿童及少年保护事件、重大灾害等。

四、学校心理危机的影响因素及结果

（一）学校心理危机的影响因素

当危机事件发生在校园时，其对学校的成员造成的心理危机既有内在因素也有外在因素，其中危机事件是最主要的外部因素，个体的三观、人格特质、应对方式以及社会支持系统是主要的内部因素（崔丽娜，2009），具体介绍如下。

危机事件即可能导致心理危机发生的各种应激事件，也称心理危机源。适度心理应激对人的健康和功能活动有促进作用，过强应激反应则使人陷入心理危机。

个体三观即世界观、人生观、价值观。当下学生正处于社会转型期，需要对社会多元化的信息进行不断比较、选择、过滤以及整合、内化，在这个过程中，如果引导不当，必然会出现不同程度的困惑、迷茫等认知失调或心理失衡的现象。

人格特质主要体现在性格方面，是个人对现实的态度和行为方式中表现出来的稳定的心理特征。胆汁质和抑郁质这两种气质的人较易产生心理危机。

应对方式是指个体在处理来自内部或外部、超出自身资源负担的生活事件时，采取的认知和行为上的努力。

社会支持系统是以个体被支持者为中心，个体及其周围与之有接触的支持者以及与其进行支持性的活动所构成的系统。如果个体缺乏一定的社会支持，则容易陷入心理危机、孤立无援并产生痛苦。

（二）学校心理危机的结果

危机事件发生后，在4~6周中，由于处理危机的手段不同、个体的人格特质不同、所获得的支持不同，危机发展的结局也不相同（孔晓东，2007）。心理危机会产生四种结局（崔丽娜，2009）。

第一种，顺利渡过危机。一种情况是个体逐渐恢复到危机前的心理平衡状态，学校也恢复了正常的教学管理的工作；另一种情况是经过危机事件，个体获得危机应对技能，提高了心理素质和能力，学校也因此积累危机应对经验，提高危机应对技能，完善危机管理机制。

第二种，个体虽然安然渡过了危机，但心底仍留有创伤和阴影。学校对危机事件的处理依然没有相应有效的措施或应对危机的一套策略方案。

第三种，个体没有完全解决危机，由于精神压力的不断累积，导致产生精神疾病，虽然没有造成直接的严重后果，可能陷于神经症或精神病（郑慧，2016）。

第四种，个体自杀。学校陷入叠加性危机事件的泥潭中，严重影响学校的正常运行以及学校师生员工的身心健康。

第三节　危机的特征

高校危机就是严重威胁高校或高校师生的自身利益和正常发展状态，并可能带来破坏性后果的不确定性情境或事件，具有突发性、危害性和传播性等特性。高校危机有狭义和广义之分。广义的高校危机是指影响高校生存和发展的各种潜在或已经显现的矛盾和冲突，如高等教育危机、高校教师资源危机、高校校园危机、财务危机等；狭义的高校危机则是指以高校师生为主体，其生命和财产安全受到威胁、心理出现危机，进而影响高校正常的教学、学习和管理工作，甚至损害高校声誉的诸多问题和现象。

新时期，高校的环境开放、扩大招生、心理压力、网络传播、多校区办学等一系列因素，已成为影响高校安全稳定的新型因子，使高校危机事件呈现多样化、频繁化和新型化的特点。如何保持改革、发展、稳定的良好局面，提高应对各类校园危机的能力，是对高校领导和各级干部的重大考验，也是当前党和政府极为关注的问题之一。

一、高校常见的校园危机事件及具体表现

（一）意外性校园安全突发事件

校园突发事件是指在校园内由于偶发性因素引起、突然爆发的、可能或严重影响学校正常教学、生活秩序，威胁到校园安全稳定、学生生命财产安全的紧急事件。校园突发事件伤害性大，不仅直接影响到校园稳定、学生生命财产安全和正常教育教学秩序，而且关系到社会、家庭的安宁与幸福。意外性校园安全突发事件往往缺乏可预见性，主要有：

（1）偷盗诈骗、故意伤害、故意杀人等刑事类案件；

（2）自然灾害、交通安全、公共卫生安全、建筑物安全等人身安全事故类事件；

（3）教学实践活动中出现的各种人身伤害事故。

（二）冲突性校园暴力事件

校园暴力通常是指以校园或校园周边为背景，以师生为目标而实施的暴力攻击行为。校园暴力事件则是使用暴力手段或以暴力相威胁，侵犯他人的人身权利和财产权利的攻击性行为。冲突性校园暴力事件中，行为人主要是大学生，其行为过程的显著特点是突发性和暴力性。这是因为，大学生的年龄特点使其普遍具有争强好胜、思想偏激、容易冲动、易走极端等特征，这些性格特点在校园冲突中表现为行为过程比较简单，并无预谋和明确的攻击目标与行动方向，而是受到某一事件的强烈刺激后，在心理亢奋的状态下不计后果便着手实施的攻击行为。

（三）群体性行动事件

校园群体性行动事件是指由校园群体性矛盾引发的，具有一定的规模，干扰校园正常秩序，并造成一定影响的群体事件，群体性和情绪波动性是这一事件的显著特征。高校大学生具有较强的活跃性，群体性事件多发生在学生基层组织，牵涉学生较广，影响面较大，可能造成较为严重的后果，同时具有区域联动效应，主要包括：

（1）有组织的行为，如罢课、游行、集会等；

（2）激发性群体行为，如群殴、突发传染性疾病、学校与学生或教师与学生间的矛

盾等；

（3）网络性群体行为，即在网络中进行热点、焦点问题讨论，因情绪化的意向性引导而引发的群体性事件。

（四）异常心理和精神疾病引起的破坏性行为

在当今这个竞争激烈的时代，大学生面临沉重的学习压力、就业压力，甚至还有来自家庭、经济和交际方面的压力，如果这些问题得不到恰当的引导和帮助，很容易引发危机事件。存在心理问题的大学生往往消极自卑、沉默寡言、不善交际，甚至出现逻辑思维异常、行为偏激偏执的现象，造成人际关系紧张，进而引发矛盾或冲突。

二、高校校园危机的新型特征及发展趋势

（一）危机的生成机理

急剧的社会变革使高校面临的外部环境变得日趋复杂，高校自身内部改革也在不断深化，这给高校的稳定与发展增加了许多不确定因素，发生各种校园危机就在所难免，其中因高校内部建设不足而生成的校园危机、群体性事件正与日俱增。一方面，因高校规模不断扩大而带来教育资源的相对紧张，导致大学生对学校不满而罢课、示威等群体事件时常发生；另一方面，随着高校管理制度转变和大学生主体意识、维权意识的增强，目前学校在就业、文凭、学费、校园治安和后勤保障等方面，一旦出现问题都可能诱发危机事件。

此外，伴随着高校持续扩招和社会经济体制的深化改革，大学生就业压力不断增大，就业难已成为困扰大学生的一个突出问题，同时也已成为一个突出的社会问题。有些大学生刚毕业就面临着失业，一下子从天之骄子变成社会的弱势群体，这不仅给家庭带来了沉重的压力，而且给社会造成了相应的负担。个别找不到工作的大学生因压力过重而自杀，或报复社会实施犯罪。

可见，诱使危机爆发的原因是多种多样的，包括经济、政治、文化、历史或地域等多个方面，高校校园危机产生的因素同样复杂多样，而生成机理正日益社会化。

（二）危机的性质与种类日益复杂化

目前，高校校园危机大致分为五类。

第一类，公共卫生突发事件（传染疾病、食物中毒或药品泄露等）。

第二类，影响校园稳定的学生罢课、示威或游行等事件。

第三类，影响校园稳定的治安事件（校园内暴力犯罪等）。

第四类，自然灾害（洪水、地震等）和人为灾害（火灾、交通事故等）事件。

第五类，学校公共设施损毁（设施老化、楼房坍塌等）。

校园危机的种类很多，且诱发因素不同，各个突发危机又有其各自的特殊性，而危机的复杂性正是由危机产生原因的复杂性以及危机爆发的突发性、危害性、紧迫性等多种效

应所决定的。一方面，高校内部关系的复杂性致使各种问题、矛盾、纠纷出现的概率大大提高。如大学生人数的增多与生源质量的参差不齐，教师的年轻化与教学经验的欠缺，高校的竞争加剧与内部改革的不断深入，使各种内部关系更加复杂；另一方面，随着办学的开放化和后勤服务的社会化，高校校园不可避免地存在着众多安全隐患，可能会发生公共安全事件、冲突暴力事件或校外人员闯入犯罪等情况。但不管是何种类型的校园危机或校园危机爆发的程度如何，都会对学校的成员在身体上或精神上带来伤害，并造成一定的社会影响，而这种影响不会随着事件的结束而迅速消灭。

（三）异常心理与精神疾病引起的破坏性行为日益见长

我国大学生中出现心理问题、人格障碍、精神疾病的人数逐年攀升，大学生心理健康以及精神疾病已成为影响校园安全稳定的主要诱因。由心理异常和精神疾病引发的校园危机不但具有突发性和不确定性，而且具有极大破坏性，这类危机一旦发生，学校各方面都会措手不及，大学生的思想情绪也会因此受到较大的波动，容易引发集体混乱无序。因此，应对这类危机必须争分夺秒，更需要思想政治教育的介入和疏通，及时地进行心理干预，引导大学生统一认识、稳定思想，从慌乱无序中尽快恢复理性，为危机管理做好思想准备。学校管理者如果处理不当，个体性事件可能会发展为群体性危机事件，那么危机影响就会急剧扩大，会成为社会大众和舆论媒体关注的焦点和热点。

因此，思想政治教育工作者要有强烈的紧迫感，快节奏、高效率地开展工作，做到掌握情况快、分析判断快、提出决策快、动员教育快、组织实施快，并善于抓住一切有利时机组织和实施教育工作。

（四）校园突发性危机事件日益上升

尽管许多高校已着手建立校园危机的预防、应对和恢复等各种机制，但由于高校人员密度大，聚集性强，安全危机难以根除，各种诸如卫生、安全、灾害、治安等校园突发性危机事件仍有不断上升之势。

事实上，在高校危机管理中，师生员工既是主体又是客体，提高师生的危机防御能力才是校园危机管理的关键。因为危机通常是一些突发的紧急事件，通常在人们毫无准备的情况下发生，当突发性事件发生时，师生员工若能理智对待就可能脱离危险或尽可能减少身心方面的伤害和生命财产的危害。但是，许多高校由于缺乏或忽视对师生员工的危机教育、安全教育、防范意识教育，致使面临校园突发性危机事件时，容易出现群体性恐慌，由此大大降低了他们在认知和行动上的应对能力。

有鉴于此，高校迫切需要开展全校性危机防御技能培训，包括师生员工的心理培训、校园危机知识培训和模拟实践。心理培训就是锻炼心理承受能力，使其具有防范危机、承受危机的心理和良好的心理素质；知识培训的重点应放在校园危机发生前的多种防范措施和危机发生后的具体处理方法上，如火灾中自救、人工呼吸等常见医疗救助方法。更重要的是要进行仿真模拟实践，设计和制定标准作业程序，让师生员工都能了解突发事件发生的状况，使现有组织结构体系适应预警与快速反应的需要。

三、新时期高校校园危机产生的原因

（一）社会政治因素

第一，社会贫富差异的不断加剧，使社会底层成员的反社会行为有所增加，甚至出现社会报复心理和报复行动。一些失业人员、犯罪分子把目光投入高校校园，认为在高校犯罪的安全系数高，违法成本低。

第二，学校已逐渐成为社会经济体系中的重要组成部分。校园周边环境正在发生改变，经济犯罪甚至刑事犯罪正在侵袭校园，而公安部门却轻视校园安全，对侵犯校园安全的犯罪分子打击不力。

第三，在社会发展过程中，政治、经济、文化、价值观等方面必然会对大学生的思想、心理和行为产生深刻影响，社会价值观的多元化和形形色色的社会现象不断对他们的头脑产生着冲击，大学生对道德、理想的追求正受到功利思想的严峻挑战，而且社会价值认同的改变和传统道德与文化影响力的削弱，直接影响和制约着大学生的个人价值取向和行为规范。

第四，网络正在改变着人们特别是心智尚不成熟的大学生生活，网上良莠不齐的信息、一些被故意渲染的事物和别有用心的煽动都会对大学生产生负面影响。

第五，我国法律制度尚不完善，校园安全立法仍然滞后。许多关于高校安全稳定工作的要求往往是以行政命令的形式出现，它们缺少制度的刚性、执行的规范性和责任的法定性。

（二）行政管理因素

第一，随着招生规模的扩大，许多高校形成了多校区的办学格局，校园周边的群防群治和综合治理措施不落实，加上学校对校园安全重视不够，使得开放式校园给违法、犯罪分子进校作案打开了方便之门。

第二，高等教育大众化进程中，高校在校生人数快速增长，但学生管理人员未相应增加，致使学生教育管理者对大学生中出现或发生的问题应接不暇，不能及时全面地了解掌握大学生的思想动态和具体问题，难以有效地加以预防。

第三，学校内部管理存在薄弱环节，校园周边缺乏安全屏障，安全保障体系和机制不健全，没有制定预防突发事件的机制和完善的应对措施。一方面，学校缺乏危机意识，忽视对突发事件的研究和预警，导致问题发生后只能被动应付；另一方面，高校现行的规章制度和工作行为中存在着与社会进步、法律完善、人性化管理要求不相适应的缺陷，不能及时进行调整和改进，这些现象都有可能使安全防范工作出现隐患。

第四，安全教育和训练存在漏洞。加强安全知识教育、增强学生的自我保护意识和能力是有效预防安全事故的重要环节，而高校往往忽视大学生的安全教育，不注重相关知识的宣传和教育，不重视大学生安全意识的培养和自我防范能力的训练，直接影响着校园安全防范工作的有效落实。

（三）学生素质因素

高校的首要主体是大学生，调查表明，许多安全事件都是由大学生个人原因造成和引发的，大学生自身的问题往往是引发校园突发事件的诱因。

第一，大学生处于学习和成长阶段，从思想品质、知识技能到行为能力都尚未成熟，这导致他们在性格上存在许多安全隐患，如年轻气盛易行为偏激，个性差异易引发矛盾冲突，自控力弱易陷入网络陷阱，轻信他人易上当受骗，经验不足易卷入争端。

第二，大学生法制意识和自我防护意识淡薄，自我保护和应对危机的能力较弱，容易实施和遭受各种外来侵害。在重大突发事件面前，由于缺乏思想准备、应对能力和自救常识，不能进行必要的自我保护和对危机的有效控制，使自己成为事件的受害者和牺牲品。

第三，当前大学生的心理健康问题已相当严重，心理异常或心理障碍未得到及时治疗而导致的校园暴力事件不断上升。

第四，大学生家庭贫富差距的悬殊，影响着大学生正确人生观、价值观的形成，校园各种竞争因素导致人际关系不够融洽，行为冲突常有发生。可见，大学生自身的综合素质是引发校园安全事件的重要因素，高校必须提高大学生的道德品质和行为修养，加强大学生应对突发事件的教育和训练，以减少因不良嗜好、不当行为、不健康心理和缺乏必要常识而引发各种校园危机的可能性。

第四节　危机干预理论

一、学校心理危机干预的定义

学校心理危机干预显然属于心理危机干预范畴。与此同时，学校心理危机干预需要在心理危机干预的基础上，充分结合学校的管理与运行进行。

有研究者认为心理危机干预是以帮助遭遇挫折的人恢复心理平衡，回归正常生活、学习、工作为目的，对个体提供实时、有用的以心理学理论为指导的专业帮助行为（叶华松，2008）。

危机干预是指危机干预团队本着积极、主动、专业的原则，在短期内尽可能帮助遭受危机的人群恢复生理、社会、心理层面的平衡，让他们找到可以获得寻找需求资源的途径与方法（伍新春等，2010）。

综上所述，可以认为心理危机干预是采取及时、有效、专业的心理学干预手段，对受到危机事件影响的整体、个体进行干预，使其恢复生理、社会、心理层面的平衡状态，进而帮助学校早日恢复正常的教学管理与运行的一系列行动。

二、学校心理危机干预的要素

查阅整理相关文献，得出学校心理危机干预要素，见图 1-1。

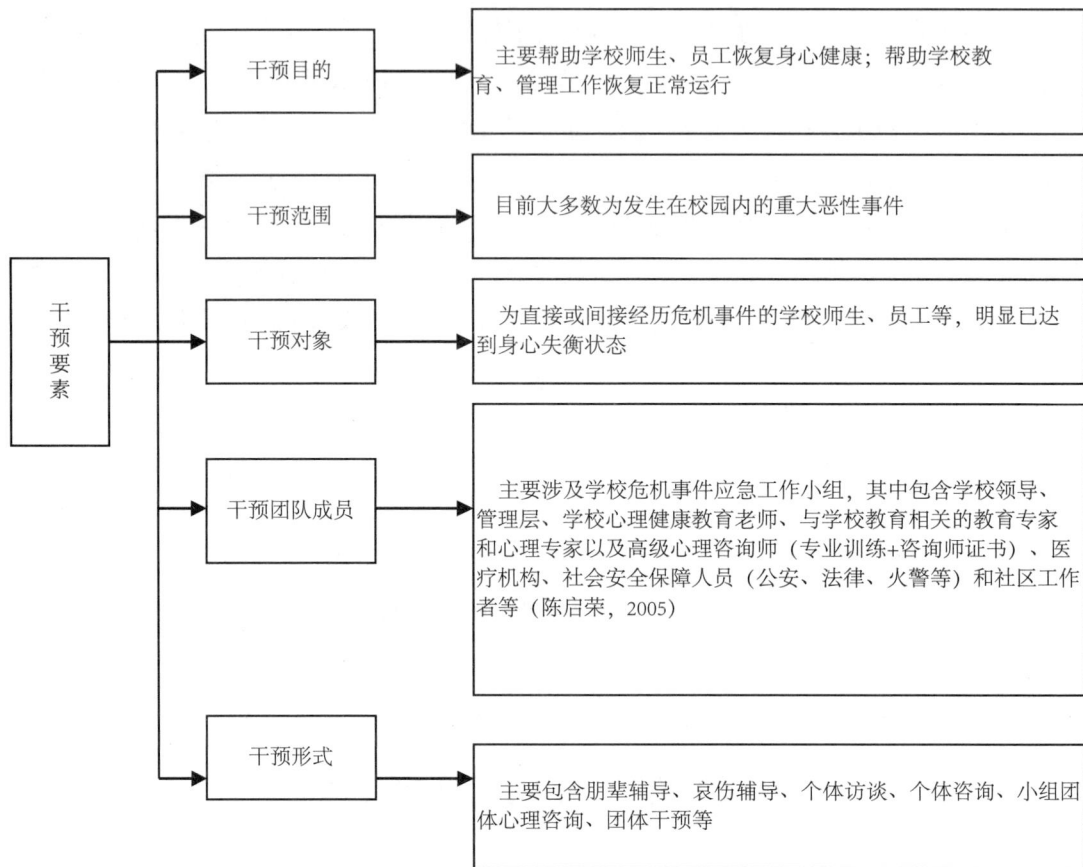

图 1-1　学校心理危机干预要素

结合相关实践现状来看，学校心理危机要素、干预形式都有待探索，并对现有模式加以完善与改进。例如，应将发生在校园内外，产生严重影响的危机事件纳入干预范畴；干预的形式建议采用心理测评、结果反馈、专题讲座、团体辅导等。

三、学校心理危机干预的理论基础

（一）心理危机观

1. 精神分析理论

精神分析理论倾向于认同童年早期的一些固着事件对将来是不是会发生心理危机起着决定性影响。该理论指出，心理危机干预可通过改善个体童年早期的情绪体验，化解固着的消极事件，从而使危机得以缓和、消除（赵映霞，2008）。

2. 系统论

系统论的基本观点起源于生态学，目前被广泛应用于各大科学领域。该理论更倾向于从宏观角度，即个人与整个生态系统（社会、学校、家庭等）的相互作用、交叉影响去解释心理危机。该理论认为，个体处于彼此联系、交互影响的体系中，每个因素多维度联系，并产生关系。因此，体系内部任何一个元素的改变都将促使整个系统发生转变（赵抒，2020）。

3. 适应理论

适应理论认为，个体不良的适应行为、抵抗和防御的思维以及消极悲观的抗衡方式均会致使心理危机的发生。与此同时，该理论指出只要改正这些不良的适应行为，危机状态自然会得到缓解（赵映霞，2008）。

4. 人际关系理论

人际关系理论认为，个体由于自尊水平较低，对现实生活缺乏信心，对自己与旁人能够战胜生活中的危机更是缺乏信心，长此以往，个体容易陷于不良的情绪体验，产生心理危机。科米尔和哈尼克认为，可从开放、分享、安全、信任、诚挚等几个维度来阐述自尊这一概念，基于自尊的差别维度产生了人际关系理论（赵映霞，2008）。

5. 混沌理论

混沌理论是指表面上看上去毫无关系、混沌不堪的事物，但以整体的角度进行研究，又能从中发现某种普遍秩序性，其一开始被广泛应用于生物学、物理、化学等科学范畴。布茨的研究成果为人类将混沌理论应用于心理学研究范畴开拓了新的路径。混沌理论可从个体与整体层面对危机的内在动力因素进行研究。

（二）危机干预理论

林德曼（Lindeman E.）在研究一部分遭遇亲人丧失的群体过程中，总结发现这类群体或多或少都在生活中或工作中面临着生理、心理、社会层面的不适应状态，但在临床诊断上却没有发现任何器质方面的疾病。之后，他大多着眼于从心理学的角度帮助或协助解决突发事件对当事人心理状态的影响，并帮助他们尽快恢复到从前的状态。这些研究为我们拓宽了干预渠道，提供了一种心理危机干预的新思路。据此，林德曼提出了危机状态干预范式进程：个体失衡—心理干预—克服危机—平衡（黄蘅玉，1994）。

卡普兰（Caplan G.）将危机状态定义为个体利用现有能力与社会资源无法解决当前重大创伤（事件），导致内心紧张和失衡的状况。他对林德曼的观点进行了应用延伸，认为这一理念适用于所有（重大）创伤性事件（黄蘅玉，1994）。林德曼与卡普兰均采用平衡—失衡这一理论来理解心理危机。

（三）国外危机干预模式的理论

平衡模式是指危机当事人运用现有问题解决办法及自身资源不足以成功面对困境，从而引发认知、情绪等心理上的失衡。该模式的关键在于帮助危机当事人顺利渡过危机，重新获得生理、社会、心理上的平衡。

认知模式指出不是事件引发了危机，是个体对事件不合理的认知与偏差信念引发了心理危机，只要调整、改变这些不合理的信念，危机状态也就随之减退了。

心理社会转变模式认为，危机的产生是由个体心理层面、社会系统层面和个体生理指标三个方面共同影响产生的结果，在个体危机状态转为中后期，且较为稳定的情况下，心理危机干预可着眼于这三个方面进行。

社会资源工程模式是为了防止专业人员非常有限的情况下，通过培养、训练群体领导，使其在第一时间能做一个初步的危机干预，帮助危机当事人暂时缓和，减轻身心上的痛苦状态，保证危机干预的时效性。

学校心理危机具有复杂性，个体内在因素、学校环境等因素都会导致危机的原因多样化，因此单一的危机干预模式不足以很好地应用于学校的心理危机干预。

综合以上危机干预理论与干预模式，本文所采取的干预模式基于对平衡模式、认知模式、心理社会转变模式三种危机干预模式的整合，科学地、系统地、专业地选择和整合干预模式中的有效成分，进而帮助危机当事人缓解危机、渡过危机。

四、学校心理危机干预的相关研究

研究指出，为了全程、全方位、多层面地做好危机干预系统监控、预防、咨询治疗、干预和补救等维度的整合，建立一套"预防为主、阻断迅速、维护并重"三位一体的学校自杀危机干预体系，具有十分重要的实践意义和应用价值（王俊敏等，2013）。

综观国外学校危机干预的研究，不难发现，只有充分结合学校内部力量与校外各类力量，学校危机干预体系构建才能更加完善。危机干预专业人员，学校领导/管理层、正规传媒、协调者等均属于学校危机干预的内部力量。学校外部干预力量主要指能提供支持的社会资源，如志愿者、公益服务机构、社区等（郭永刚，2008）。

美国校园危机干预模式倾向于以系统化的视角看待和处理校园危机。他们通过建立校园危机团队，明确干预成员角色定位与分工，制订系统的计划，提供结构化、流程化的程序，从整体的角度协助解决学校教师、职工学生面临的重大丧失与心理危机（刘陈陵，郭兰，2008）。

有的研究指出，科学且系统的学校危机干预体系需要一套专业、考虑全面的流程。如危机发生前如何防患于未然；危机发生后如何统筹资源，做好危机处理与干预；危机事件干预后，如何评估干预效果等三个方面（伍新春等，2010）。

还有的研究指出，学校心理危机干预可从团体与个体干预这两个干预层面来构建，涉及的干预对象应尽可能广泛，师生、员工、学校领导、家长等都应该纳入危机干预的对象（安媛媛，李莹，2018）。有学者认为，社会应配合寻找危机干预经验，实现家校互通，医校互通，使用较为科学的方案对其进行干预（戈振州，2019）。

综上所述，目前大多数研究已从学校的角度出发，对学校心理危机干预的体系建构、干预模式与流程进行了较为全面的概述与论证。因此，可以认为学校危机干预要注重全面，要充分调动校内校外的力量，强调危机干预的计划性和系统性，同时也要考虑危机干预对象的范围等有关因素，尽可能将危机干预系统化、可操作化、精细化。

五、大学生心理危机干预的教育对象

大学生心理危机干预的教育策略，主要面向对象是大学生群体。所以，在了解当前高校相关教育策略的同时，也需要对大学生的心理有一定把控，特别是对大学生心理危机产生原因有所掌握，才能在心理危机预防教育中提出更加有效、合适的教育策略。

（一）大学生群体的整体状况

新时期大学生群体整体风貌积极向上，网络上称之为"后浪"，他们敢为人先、拼搏奋斗的精神活跃在很多人面前。但是，从调查数据分析可以看出，焦虑、抑郁，甚至是有自杀倾向的学生并不在少数，很多大学生在学习生活中因为自身或外界的因素很容易造成一种心理压力或心理负担，甚至采取极端行为。造成这种社会普遍现象的原因，既有外部环境的变化所带来的压力，比如，教育策略不当等；同时，也需要关注到学生自身。这是内因和外因共同作用的结果，要充分了解大学生心理危机的成因，进而分析目前心理危机预防教育的不足，才能对解决心理危机事件提供有效的借鉴。

（二）大学生群体心理危机的状况分析

1.理想信念教育亟须加强

对大学生个性特征和心理状况的调研结果显示，大学生整体状态积极向上，但总会遇到心理困扰和心理问题，我们在探索产生这一问题的原因同时，也要思考他们看待世界、看待生命的态度。这一态度，建立在一个人的世界观、人生观和价值观的基础上，是在先天和后天教育的基础上对事物的认识，影响着一个人如何认识世界和改造世界。特别是对大学生的理想信念教育，不仅影响着学生对这个世界的认识、对生命的态度，而且影响着学生对当下和未来的生涯规划，甚至决定一个人一生的成长。而在理想信念教育中贯穿生命教育，是要让大学生明白生命的意义，掌握生命的真谛，寻找生命的价值，一个人的生命只有充分发挥它的价值和意义，才是无愧于人生的。

大学生的理想信念并不是天生的，是后天多个主体影响产生的，包括社会、家庭、学校等。当下很多青年大学生，学习生活中得过且过，没有明确的规划，他们没有真正理解什么是生命，不知道何为生命、生命为何，缺乏对生命的敬畏之心。在遇到难以解决的心理问题时，有的人会选择极端办法，逃避现实，这是对生命极为不尊重的表现，不仅是对生命的轻视，也会给家庭、朋友带来严重的创伤。那么，大学生的理想信念教育面临什么样的外部和内部影响呢？

首先，社会大环境是必须关注和考虑的重要外部因素。时代的发展，社会的变迁，带来了很多价值观念的转变，这无不冲击着大学生的世界观、人生观和价值观。随着改革开放的不断深入，外来文化和价值观大量涌入当代社会中，东西方文化的碰撞和冲击，对还在成长期、正处于人生观和价值观逐步确立阶段的大学生而言，是需要加强引导的时期。虽然国家在一定程度上对价值的传播、文化的渗透进行了管控，但随着网络等通信工具的日益发达，各类资源涌现，社会文化良莠不齐，大学生所接触的东西并不一定是正确的。而且大学生的心理更加开放多元，他们识别能力较弱，却愿意接受多元化的东西，所以更容易被某种思潮所影响，他们会想方设法地了解自己不清楚的世界，并对现有的世界观、人生观和价值观进行比较甚至批判，从而建构自己对世界的认识和人生的感悟。这种现象的滋生和蔓延，对大学生的成长是极其不利的，对大学生心理的冲击更是可想而知。

其次是家庭环境。家庭是孩子的第一课堂，孩子的先天和后天生存环境，无时无刻不受家庭的影响。这种潜移默化的改造是从小开始的，父母在家中的一言一行、举手投足，在很大程度上影响着孩子未来的脾气秉性、为人处世方式等。所以大学生理想信念的塑造，与他从小到大成长生活的环境息息相关。从问卷调查的结果可以看出，住过校的学生焦虑、抑郁等的概率要低于没住过校的学校，住校的学生有过离开父母独自生活的经历，所以他们的理想信念塑造相比而言会更加完善一些；而没住过校的学生，大多是生活在父母身边，父母的耳提面命和言传身教，会给大学生的自我意识产生很大影响，他们的心智以及处理问题的方式和能力，也在家庭的影响下形成了自己固有的一种模式，这种模式的正确与否只有在之后的学习生活中才能知晓。

此外，父母总是"望子成龙""望女成凤"，他们因为不了解社会的变化和现实的需要，会将自己的意志强加在孩子身上，按照自己的设计规划孩子的道路，这使得孩子失去了自主性。当父母的溺爱和严厉超过一定的界限和度时，孩子就会丧失一定独立思维和思考的能力，对孩子的成长并不是有利的，反而会限制孩子自身的成长。青年大学生要具有独立之人格，就需要在经验学习的基础上养成独立思考的能力，培养正确的世界观、人生观、价值观。

再次是学校教育。这里的学校教育不仅仅是高等教育，也包含着小学、中学教育。学生在家庭中所接受到的家庭教育，会在他进入学校之后经受考验，而学校教育到位与否，是真正考验一个学校教育水平的地方。教育要坚持立德树人，在我国，教育就是要培养德智体美劳全面发展的社会主义建设者和接班人，所以学校的引导至关重要。在当下，对于理想信念教育的开展，国家在大力推进大中小学思政课的建设，但是因为学生年龄和理解能力等的差异，教授的内容和方式总是有差异的。虽然在不断推进中，但学生能否将学校的思政教育和自身的理想信念塑造真正结合起来、是否落到了实处，这仍然是一个需要思考的问题。在当下社会，家长们会说把孩子交给学校了，意味着学校要承担很大一部分责任，这也导致现如今发生心理危机事件时，学校总是处在弱势。学校只有将理想信念教育落到实处，将心理健康教育放在重要位置，正确引导学生、教育学生，关注学生身心成长，才能真正发挥教育的功能。

最后要从学生个人层面出发。当下的大学生除了学业上的压力，来自人际关系的困扰也不在少数。在问卷调查中可以看到，没有过住宿经历的学生更容易焦虑、抑郁等，这一方面意味着学生跟家长生活的时间比较长；另一方面也意味着学生没有经历过与室友朝夕相处的日子，这种与同辈交流学习的经验是欠缺的。两个能够相处到一起的学生，大多拥有共同的兴趣爱好、脾气秉性，他们从内在到外在都是符合彼此价值观的，所以叫"近朱者赤，近墨者黑"。我们会听到一个寝室全体保研的故事，也会在新闻上看到室友之间发生不愉快甚至出现恶性事件的报道，这都意味着同学伙伴对一个人的影响也很大。所以，和同学伙伴的相处同样会对学生理想信念的塑造造成一定影响。学生要在不断学习和接触外在的基础上，形成自己的认识和思考。

2.抗挫折能力的弱化

挫折，对一个人的成长而言是一把"双刃剑"，如果能正确面对挫折，则推动自身成长；但如果处理失败，就有可能成为绊脚石。特别是在遇到心理问题时，如果是一个抗挫折能力弱的人，他会将这个问题视为洪水猛兽，虽然在其他人看来仅仅是微不足道的一个小问题，一旦他的内心难以承受这一压力，就会导致内心崩溃，极有可能采取极端行为。姚锡远，王金云（2000）就抗挫折能力给出定义，指的是一个人遭受挫折时自己摆脱困扰而避免心理与行为失常的能力，即个体经得起打击或经得起挫折的能力。对这一能力的锻炼和提升，对学生的成长至关重要。所以，大学生抗挫折能力的强弱，影响着学生处理挫折的能力和水平，影响着学生的身心健康。

在现实生活中，大学生身心不断地成长，但他们的挫折耐受力却有待加强，很多学生会将负能量的词语挂在嘴边，他们在碰到难以解决的问题，虽然会尽可能地调动自身资源，但难免会陷入心理困扰和心理危机的边缘。那么，大学生抗挫折能力的强弱是受哪些因素的影响呢？

最重要的是，学生的个人阅历。"00后"为主体的大学生群体，他们年龄偏小，人生阅历也很简单，大部分学生并没有经历过社会的洗礼，从家庭教育到学校一直到高等教育，学生所经历的成长虽然各有不同，但总有规律可循。没有经历过社会洗礼的大学生，遵循既定的教育方式，抗挫折能力依然比较弱，如果在大学里遇到超过自身承受限度的事情，就很容易引发心理问题。其次，当下社会独生子女家庭较多，他们从小就是父母的掌上明珠，受到家中两代人的呵护与疼爱，犹如温室里的花朵，家长大包大揽了孩子成长的大部分活动，对孩子自身的锻炼和考验较少，学习成为孩子生活中的唯一。这种教育模式下，孩子的抗挫折能力也在减弱，一旦失去父母的庇护，需要独自承担一些事情的时候，就很容易陷入慌乱，如果超过一个度，同时会引发心理问题。从问卷调查的结果就可以看出，非独生子女遇到焦虑、恐慌、抑郁等情况的概率要低于独生子女。

总体而言，大学生抗挫折能力是从小形成和培养的，家庭的影响至关重要。无论是幼儿时期的成长，抑或是青少年阶段的教育，都与家庭息息相关。随着时代的发展，亲子关系成为很多家庭关注和学习的话题，如有的父母会带学生户外实践，引导孩子成长，这就会极大地锻炼孩子的抗挫折能力，培养孩子的独立性，促进孩子性格的发展。又如父母离异、重组、关系紧张等家庭中，孩子缺乏家人的关爱，没有体验家庭的温暖，极有可能因为家庭关系造成某种心理创伤，形成孤僻的性格，对未来心理的成长带来不利的影响。都说家是一个人成长的港湾，家庭因素不可忽略，如果父母能够将孩子身心的成长放在首位，通过多种方式开展学习活动，而不是每天叮嘱孩子学习书本知识，让孩子体验更多，对他们而言有利无害。从问卷调查的结果可以看出，家庭经济困难的学生出现焦虑、抑郁等心理问题的概率要低于家庭经济状况好的学生。家庭经济条件好的学生，他们的基本生活条件得到了满足，可以享受生活，父母也会让孩子通过上补习班等方式增强自己的学习，但其他方面的培养较少。而家庭经济条件差的学生，他们从小家境困难，只能满足基本的温饱，没有过多可以享受的生活，他们的人生经历相比而言会更多，经历得多，成长自然会变多，他们的抗挫折能力也在不断的经历中得到了磨砺和成长。

3.学习生活中的压力

大学生心理危机事件的发生有很多诱发因素，大多是学习生活中的个人因素，如学业、就业、寝室矛盾、恋爱关系等问题。这些问题是每个大学生在大学期间都会遇到的，但如果处理不得当，就容易成为心理危机事件的导火索，造成难以想象的后果。对大学生而言，负性事件既可以是涉及尊严的丧失，求职被拒、求偶失恋等，抑或是一个不屑的眼神、一句刺人的话语等。所以，需要了解大学生学习生活中可能会遇到的压力，引导学生正确面对压力。

大学生的学习生活中，最常见的一种压力是学习所带来的身心压力。考试、挂科、找工作等，大学四年期间关于学习的事情贯穿始终，某一环节出现差错，对大学生而言都是难以忍受的。当下，新闻报道中经常出现大学生、研究生跳楼自杀等现象，可以看出当下大学生的压力确实存在。大学本科四年，是四种不同的阶段。

大一时期——刚入校的迷茫期。一无所知，懵懵懂懂，保留着高中时期认真学习的态度却逐渐被现实打败，大学与高中截然不同的授课方式和学习方式，一部分新生难以适应新的学习方法和学习节奏，这就使得一些人容易陷入迷茫，包括对未来的迷茫和对自身的不信任，进而产生失落、自卑等情绪。

大二时期——放纵期。适应了大学生活，立志学习的会认真学习，无心学习的开始得过且过，出现翘课等现象。

大三时期——定位期。开始寻找自己要奋斗的方向，是就业还是考公务员还是读研究生，对未来的思考成为这一时期最重要的事情，只有确定方向才能为之努力，但没有找到方向和定位的，就会逐步陷入慌乱。

大四时期——慌乱期。很多人能在大四上学期就确定自己毕业后的去向，但也有的人难以选择，特别是在考研、考公结束之后，部分人会成为落榜生，他们的未来走向还需要继续寻找，而身边的人已经确定了就业的情况，这使得他们容易陷入心理恐慌。从问卷调查结果中也可以看出，大学生出现心理危机事件概率比较高的两个时期分别是大一和大四，刚入学的迷茫和即将毕业的困扰，很容易因为处理不当诱发心理危机事件。

当然，从学业本身出发，当下高校对于学习管理都比较严格，大学生考试挂科不在少数，需要补考、重修、降级的学生也大有人在，特别是在多次学业警示之后进行退学等处理，这些对学生和家庭都是难以接受的事情，这种情况下大学生出现心理问题的可能性也非常大。

其次是人际关系，这种关系包括师生之间、朋友之间、同学之间以及室友之间等。大学生要实现自我管理、自我服务、自我教育，但不可避免地会与人相处。和室友生活习惯的不同、和同学意见相左，等等，这些在外人看来可能是小打小闹，但对于内心细腻敏感的人而言却是难以忍受的。在家中受到父母宠爱的大学生，来到学校并没有多少人会单独照顾一个人，没有固定的上课老师，如何和老师处理好关系，如何和来自五湖四海的同学相处，他们面临着新的人际关系。特别是在当下，高校中出现最多的矛盾是宿舍矛盾，五湖四海的人汇聚到一个学校一个寝室，背景不同，生活习惯不同，作息时间、消费习惯等都会出现不同，作为朝夕相处的室友，如果能处理好协调好，宿舍关系会很融洽；如果不能很好地处理，就会衍生宿舍矛盾，并一步步升级。

再次是恋爱问题。步入大学，恋爱自由，没有了初中高中时期的管理，一切显得那么美好，很多人会在这个花样的年华憧憬浪漫的恋爱，但人心复杂，社会多变，现实往往是残酷的，单相思、表白被拒、失恋、PUA等现象层出不穷，经历不够丰富的大学生在面对这些问题时，很容易因为内心的脆弱和敏感难以承受精神上的打击，造成心理上的负担，导致心理失衡。

总体而言，有人称大学是一个小社会，它能让人经历很多。但大学又不同于真正的社会，因为它没有社会那么残酷。所以，大学生要在学习生活中不断增强自身的心理素质，正确面对大学中的各种压力，才能有效面对踏入社会之后的压力。

第五节　危机干预模式

校园危机的发生、发展有其内在的规律，所以，每次"突然之间""猝不及防"的校园危机事件的背后，往往都有其酝酿、发生、发展的规律。如何利用其发展规律，预先发现危机的隐患，将危机预防的关口前置？如何利用心理管控技术及方法解决事发现场的问题？在校园危机发生后，学校启动怎样的应急机制防范次生灾害？

一、校园危机的发现

从校园危机管控的角度说，校园危机的发现有以下四种方法。

（一）观察法

孔子曰："视其所以，观其所由，察其所安。"意思是，要想了解个体的情况，不但要听其言而观其行，还要了解其行为的动机、心态以及某种行为后的种种表现。这里所说的观察法，是指观察者用自己的感觉器官审视被观察对象的种种表现，从而获得相关资料的方法。

如某位学生的情绪高涨，思维速度快、内容多、范围广，瞬间记忆能力强，说起话来"眉飞之、色舞之；手舞之、足蹈之"，不但句子短，而且语速较快、发音部位高，表情及肢体语言都很丰富，这样的学生多半属于"阳性情绪"。

"阳性情绪"的人往往会伴随着入睡困难、辗转反侧、思虑万千，这是在总觉得有些事情要发生，还没有发生的情况下衍生出来的情绪反应。这里需要思考：该学生原来的性格是这样吗？如果只是最近几个月才变成这样，就明显偏离了个体的常模。从心理学的角度来说，性格是相对稳定的，性格的突然变化一定有着其背后的原因，也预示着会产生不同的后果。另外，还需要思考：该学生的性格和其他同龄学生有明显区别吗？如果班主任觉得该学生的表现和其他学生明显不同的话，这种表现就有可能偏离了社会常模，也许就是某种心理问题的征兆。对于受到"阳性情绪"困扰的学生，要防止其因焦虑、焦灼而出现暴躁、攻击等不良行为。

再如，某位学生近期心境低落，表情呆滞，语速及思维迟缓，兴趣减退，经常向老师或同学抱怨，并伴随社会功能下降等，基本上可以判定其情绪类型为"阴性情绪"。

"阴性情绪"的人往往会伴随着"早醒"而产生挫折、挫败的情绪反应，自我评价低，儿时不幸福，现在很难过，"千言万语难以辞达"。这里需要思考该学生的表现与其以前的性格有明显的差异吗？与同龄人有明显差异吗？人格是相对稳定的，任何短时间内的性格变化，都应引起学校及老师的足够重视。对于受到"阴性情绪"困扰的学生，要防止其因心境低落、抑郁挫折而产生自残、自杀的行为。

（二）谈话法

谈话法是指谈话者运用心理管控的技术及手段，通过与当事人谈话的形式搜集临床资料，形成初步印象，进行心理评估，或通过谈话，短时间调整当事人情绪的方法。

一般来说，校园危机管控类谈话每次不能超过 45 分钟，宜采用"三段式"谈话方式，每个阶段均为 15 分钟。以下作简要介绍。

1.建立关系阶段

宜采用开放或半开放式问话的方式，就当事人的近期表现引入话题，鼓励当事人诉说缘由并给予积极回应。

2.澄清事实阶段

宜采用封闭或半封闭问话的方式，就当事人诉说的内容进行澄清，以了解事实的真相，判断问题的性质，形成初步印象，进行心理风险的评估。

3.总结陈词阶段

根据当事人的具体情况进行心理指导以钝化当事人内心的冲突，避免潜在的校园危机。

（三）测量法

测量法是通过科学、客观、标准的测量手段对人的特定素质进行测量、分析、评价的方法。通过测量，可以筛查学生中存在的普遍问题及划定一些重点关注的辅导对象，为避免校园危机增加统计学的依据。

（四）预估法

学生的成长需要三个环境：家庭环境、校园环境和社会环境。一般来说，个体成长过程中，10岁以前受到家庭环境的影响较大；10岁到18岁之间受校园环境的影响较大；18岁以后，受社会环境的影响较大。所以，在校学生出现严重的心理问题，一般与家庭环境以及校园环境有着密不可分的关系。

家庭环境：如父母离婚、家人去世、父母有不良嗜好、家中有重大生活事件发生，都是导致学生出现心理危机的原因之一。

校园环境：包括校园霸凌、意外伤害以及师生矛盾等。

社会环境：包括校外欺凌和受到治安处罚等。应综合各类信息，关爱重点人群，发现危机的征兆，进行审慎的评估和有效的心理干预，只有这样才能防患于未然。

二、校园危机的管控

（一）危机现场管控

人在应激状态下会情绪高亢、大脑缺氧，逻辑思维的能力急剧下降，会做出一些非理性不计后果的事情。所以，在校园危机的处置中，心理管控人员常常采用谈话法来稳定当事人的情绪，避免校园危机事件的发生。

1.阳性情绪的管控

当情绪的压力超出自身可以承受的阈限，个体会表现出亢奋、冲动、做事不计后果的举动。面对"阳性情绪"的学生，心理管控人员说话时发音部位要低、语速要慢、句子要长、语势要沉缓，说话多抑少扬、多重少轻，宜多用感性的语言。在危机现场，心理管控人员说什么并不重要，说话的感觉很重要。

2.阴性情绪的管控

面对"阴性情绪"的学生，心理管控人员说话时发音部位要高一点、语言速度要快一点、句子要短一点，要多用跌宕起伏、有节奏感的感性语言。

校园危机发生时，由于当事人的大脑严重缺氧，左脑功能缺失，缺乏逻辑思维的能力，所以在心理管控过程中，心理管控人员要感性不要理性，讲情、讲爱、不讲理；要秉持控制情绪优先、辨明是非在后的原则，可以虚拟亲情，可以给予承诺，可以循循善诱，可以自我开放，最大限度地稳定当事人情绪，避免校园意外的发生。管控的目的达到了，校园危机就消除了。如果心理管控技术无法解决现实的危机，要立即按照校园危机处置的预案，启动生命保全程序，请围观者迅速撤离并拨打报警电话。

（二）校园环境的管控

校园危机往往都是在不经意间突然而至的，平时要做好危机的防控，尽量避免校园悲剧的发生。学校需要做到以下几点。

（1）关闭楼顶平台：因平时人迹罕至，学校的楼顶平台极易发生水箱溺水及高坠。

（2）加强栏杆保护：许多学校的教学楼楼道及室内窗户的护栏低矮，容易发生危险。

（3）离校清点人数：离校时班级要清点人数，保证学生正常离校。

（4）巡视校内死角：学校保安在放学以后，要例行巡查极易发生问题的处所。

第二章 校园心理危机的管理机制建设

第一节 校园心理危机干预的组织架构

一、对干预成员构成及其关系的设想

建设学校危机干预团队可以从微观和宏观两个角度加以考虑。微观层面主要着眼于学校内部的危机干预团队建设，而宏观层面则着眼于更大区域范围和更加系统的团队建设。

因此，干预成员主要有学校危机干预团队（主要包括学校的管理者或相关领导、心理教师、班主任或辅导员和安保人员）、心理专家团队（由心理专家和心理专家团队成员构成）、相关医疗机构。此外，危机当事人的亲友、同伴在危机干预过程中也起到重要的社会支持作用，具体见图2-1。

危机事件发生后，需要干预成员之间的协同配合，才有可能进行及时有效的危机干预，因此，干预成员之间应保持密切联系，双向沟通，及时反馈信息，具体关系见图2-2。

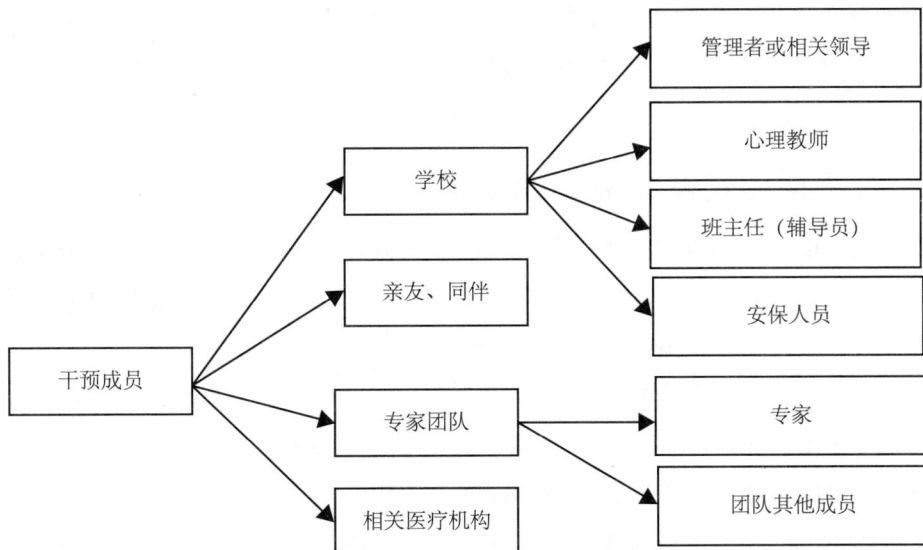

图2-1 干预成员构成图

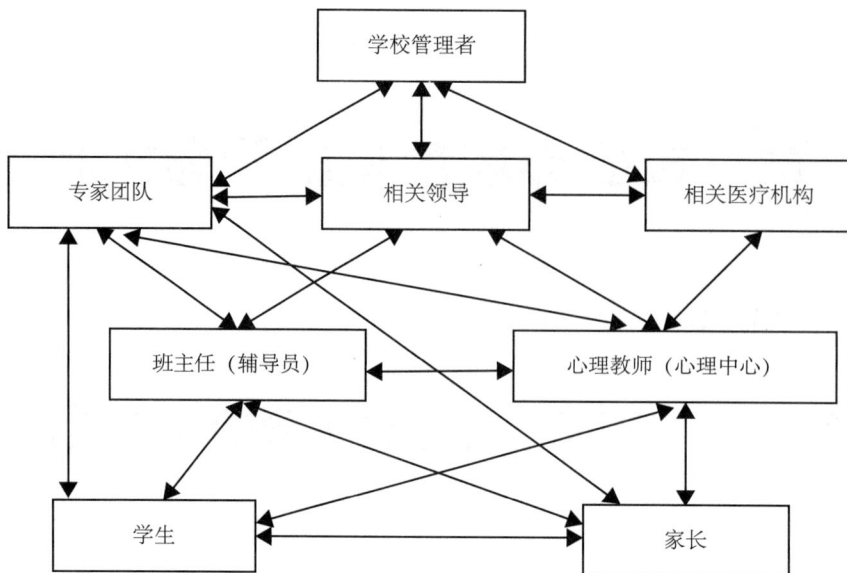

图 2-2　干预成员关系图

二、对干预对象构成的设想

干预对象是指受到危机事件影响而产生心理危机的人员（也称为危机当事人）。一般来说，校园危机事件发生后，受危机事件影响最大的是学校以及学校师生，主要包括管理者、教师、学生等，其中应特殊关注的是与危机事件或与逝者有直接关系或受到直接影响的成员，如目击者、同班同学、舍友等。

此外，对家长或家庭以及其他受到危机影响的学校员工的干预，如学校安保人员；接着，对于干预成员还应该充分发挥班主任的职能与作用；最后对专家小组也应该进行一定的干预和督导。干预人员中需要特殊关注的成员，如目击者、同班同学、舍友等是微观层面优先干预的人员，宏观层面干预应对受危机事件影响的人员进行系统干预，具体见图 2-3。

三、对干预形式及其关系的设想

干预形式是指干预成员对干预对象采取的干预方式和具体干预方法。在干预方式上分为大团体、团体、小组和个体四种形式进行。具体干预方法主要包括专题讲座、心理测评、心理筛查、团体辅导、报告分享、心理访谈、个体咨询和就医。

在实际危机干预中，需要根据危机事件性质及其影响程度、范围，并结合学校实际情况确定危机干预的形式。微观层面干预可以选择某种干预形式，如小组干预或团体辅导，宏观层面干预可以选择多种干预，并且不同的干预形式之间存在动态关系，即大团体的成员可能成为团体成员、小组成员或个体干预对象，反之亦成立。四种形式两两之间是流动的，具体见图 2-4。

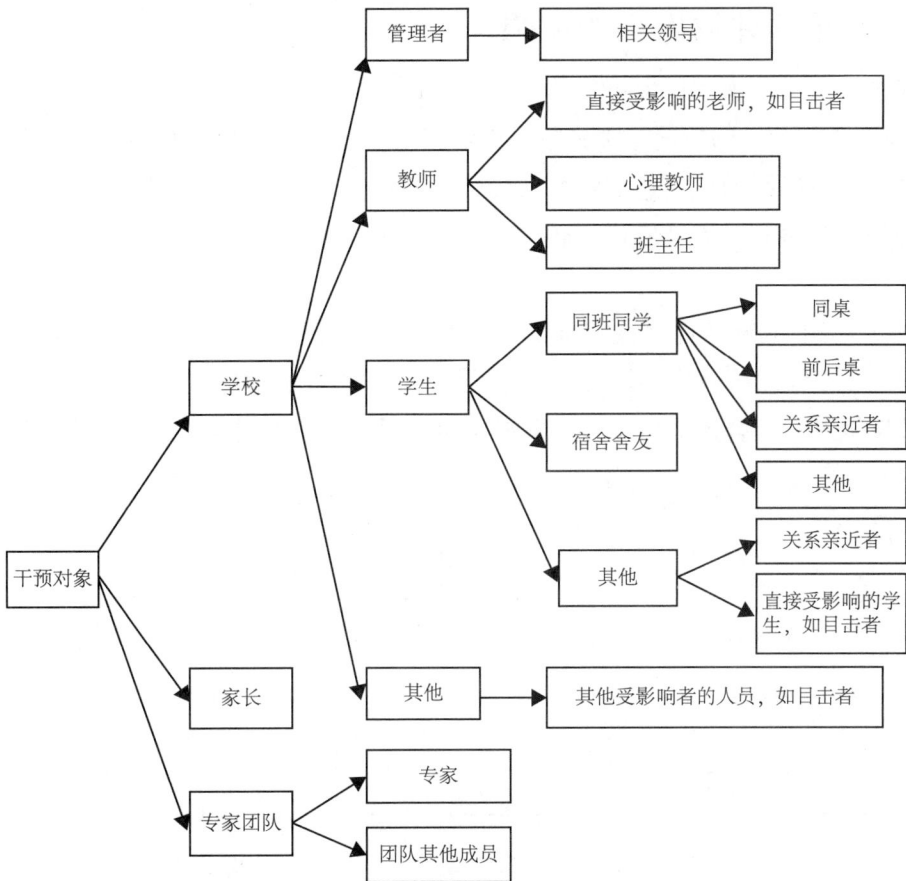

图 2-3 干预对象的构成图

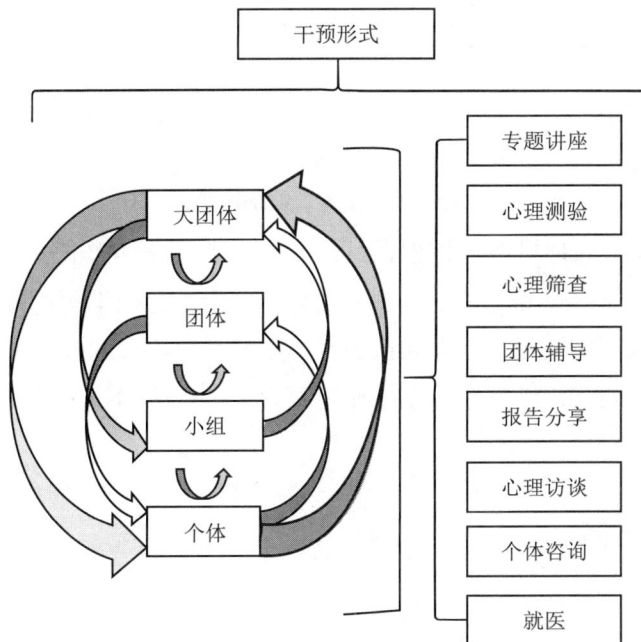

图 2-4 干预形式逻辑图

四、对干预评估内容的设想

干预评估包括干预过程中评估和干预效果评估，干预过程中评估包括危机事件性质的评估、（在条件允许的情况下）受危机影响的个体的心理功能水平的评估、社会支持系统的评估、应对机制的评估、危险性的评估。其中，对心理功能水平的评估包括对危机当事人的认知情感和行为反应进行较为全面的评估。评估任务应该贯穿危机干预的整个过程。

干预效果评估是在条件允许的情况下，基于干预过程中的评估，即在干预过程中进行不定期的反复连续评估的结果，以及结合干预现场反馈、心理测验对比分析、追踪评估和其他相关反馈进行综合评估。无论是微观层面干预还是宏观层面干预都应进行干预评估，具体见图 2-5。

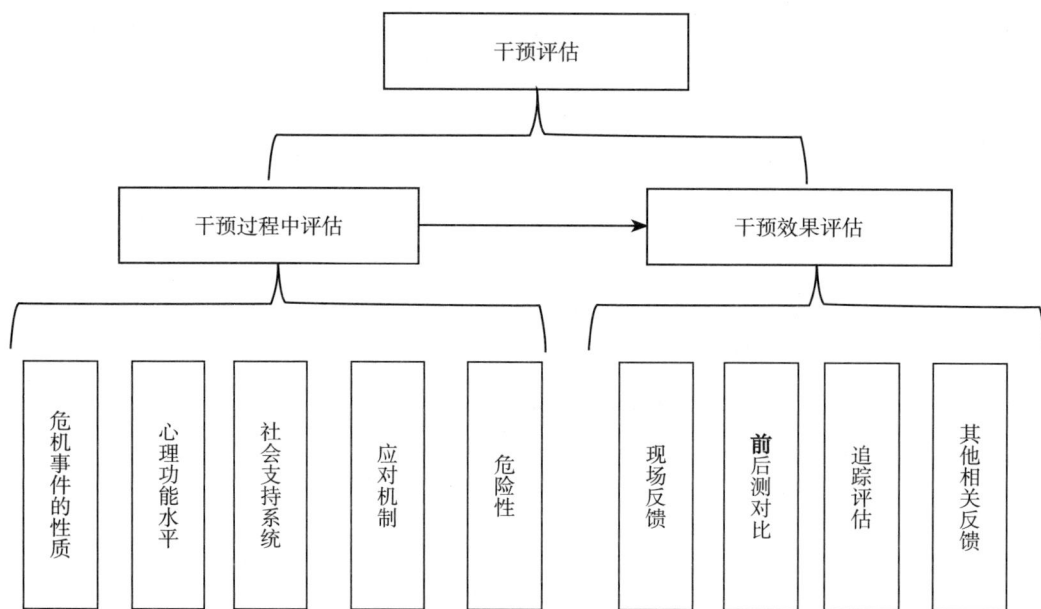

图 2-5 干预评估结构图

此外，危机干预的具体内容应该根据具体的危机事件及其影响、校方处理态度和干预措施以及相应的危机应对资源等进行具体问题具体分析；危机干预伦理方面主要考虑辅导者胜任能力、保密原则与上报、转介和追踪回访以及其他伦理问题；危机干预原则主要涉及优先、系统、家校联合，学校与专家合作等原则；危机干预技术主要以团体辅导技术和心理咨询技术为主。

第二节　校园心理危机医校合作机制建设

伴随着 2013 年《中华人民共和国精神卫生法》（以下简称《精神卫生法》）的颁布实施，"医校合作"在高校心理危机干预中开始发挥作用，主要是指整合医疗系统与教育系统的力量通过在知识宣传、危机干预、师资培养、科学研究、社会心理服务等方面开展合作，构建"预防—咨询—干预—服务"的心理危机干预合作模式，促进学生身心健康发展，提升高校心理危机干预实效。

一、心理危机干预"医校合作"的必要性

（一）"医校合作"是学校心理危机干预工作的重要渠道

近年来，高校学生心理危机案例时有发生，高校学生心理危机干预工作责任重大。学校危机干预工作成效虽然逐步增大，但仍存在一些不足。如专业的心理危机干预人员较少、重危机处理轻预后跟踪，危机干预的方式较为单调，与社会或其他高校的沟通联系较少。

有鉴于此，"医校合作"的模式从高校心理危机干预工作发展而来，将社会资源引入高校，建立"医教结合"的工作体制。精神类专科医院在危机评估、精神诊断、心理治疗和预后监控上都有极大优势，可有效地弥补高校心理危机干预工作中存在的不足。

高校与医院形成联动机制，通过发挥专科医院在心理危机干预中的作用，本着"预防为主、及时预警、协调有序、长期监控"的原则，构建大学生心理危机干预与危机干预体系新模式。学校将"宿舍—班级—学院—学校"四级心理危机干预与危机干预网络体系，扩展为"宿舍—班级—学院—学校—医院"五级网络体系，畅通大学生心理危机和精神疾病诊断、转介、治疗的"绿色通道"，有效保障大学生心理健康，推动高校心理危机干预与危机干预能力朝高水平方向迈进，降低校园心理危机事件，维护校园安全稳定。

（二）"医校合作"是学校心理危机干预工作的有力补充

在新的精神卫生法的背景下，加强医校合作是推动高校心理危机干预工作更加规范化的重要方式。

在我国，精神科执业医师不到 3 万人，缺口较大，精神病医疗机构尚且满足不了，更别提进入高校了，所以高校和精神疾病治疗机构合作对于学校心理危机干预的实施有重要作用。医生在学校咨询有几个优势：一是可以识别疑似精神障碍，提出准确的处理意见；二是能以权威的身份与家长进行沟通，取得家长配合；三是可以对急性发作的学生提供绿

色通道，安排紧急入院治疗。在合作协议里一定要详细注明合作医师的责、权、利。通过这样的合作，高校心理咨询可以更加专业化，心理咨询老师的压力也会得到一定的缓解。

（三）"医校结合"是推动医校双方共同发展的重要途径

医校合作可实现资源共享、优势互补、相互促进，可通过积极开展大型项目协作攻关等搭建医学与教育专业力量整合的平台。医院与大学各有优势，高校的学生工作管理经验和医院的医务管理模式可有机结合，从而保障医校双方的安全稳定。通过学校和医院的结合，可以借助优势、整合资源开展心理危机干预教学与科研工作。医院有扎实的专业技术和丰富的临床经验，但医师的科研时间和精力受到一定限制，而高校教师在科研水平和教学经验上更有优势。医院与大学加强联合，按照工作要求，发挥学科特色，构建高校心理危机干预和医疗机构精神卫生教学体系，完成相关的教学任务，实现医校渗透，做到教学相长；医院也可以借助大学的优质资源，提升自身医务人员的教学科研能力，助力教学科研方面的快速发展，提高医院"医、教、研"整体水平和内涵建设，提升医院品牌形象。

二、"医教结合"开展心理危机干预的可行性

（一）国家文件政策支持"医校合作"

国家高度重视高校心理危机干预工作，发布一系列指导文件，提升心理危机干预工作规范性与实效性。"医校合作"得到国家卫健委的支持，《全国精神卫生工作规划（2015—2020 年）》指出"高等院校要与精神卫生专业机构建立稳定的心理危机干预联动协调机制"；《关于加强心理健康服务的指导意见》（国卫疾控发〔2016〕77 号）要求建立多学科心理和躯体疾病联络会诊制度，与高等院校和社会心理服务机构建立协作机制，实现双向转诊。教育部《高等学校学生心理危机干预指导纲要》指出，"要建立心理危机转介诊疗机制，畅通从学校心理危机干预与咨询机构到校医院、精神卫生专业机构心理危机转介绿色通道"。

（二）《精神卫生法》为心理疾病学生转诊提供了法律依据

高校当前的精神卫生工作面临一系列实际困难，第一，专业定位不明确，面对疑似中度到重度精神障碍的学生，高校心理咨询师的工作内容和目标不明确。第二，精神类疾病特殊的病耻感让家长和学生对心理咨询工作仍存在不够理解、不够支持、不够配合甚至抵触反感的情况。对此，我国第一部《精神卫生法》对心理咨询人员的职责及精神障碍患者的转介与治疗等做了明确规定，心理危机干预迎来了"有法可依"的新时代。

在《精神卫生法》指导下，高校遵照相关规定，以促进学生身心健康为目的，严格按照法律规定将精神疾病学生送诊就医，而不至于擅自开展"心理治疗"等违法和违规行为，或者为推卸责任而直接强制学生休学或退学。有了规范的转诊机制，就可以及时有效地将心理疾病学生送至专科医院进行专业诊断和治疗、一方面学校在法律允许的范围内开

展工作；另一方面保护了学生接受专业治疗和完成教育的权利，部分学生可以在精神科专科医生的指导下，结合药物治疗和心理治疗继续完成学业。

（三）学校完备的心理咨询体系为"医校合作"提供便利

高校心理咨询师只能从事心理咨询工作，涉及心理治疗只能由精神科医师开展，但这批群体的稀缺制约了专业治疗开展和学生心理康复。解决高校引进精神科医师难的一个重要方法是高校校医院设立精神科门诊，引进精神科医师坐诊，同时，在校心理咨询中心承担一定咨询工作。这就需要学校为设立精神科心理咨询门诊做诸多努力，比如学校找当地卫生主管部门申请设置"心理咨询门诊"，由医院提供门诊场地，采购精神类药物。卫生机构批复同意，就可以开诊；不同意，则不能擅自开设。这项工作十分艰巨，国内仅有像北京大学、中南大学这种有附属医院的高校可以做到，绝大部分的高校都很难在短时间内在校医院设置精神科；况且，在国内精神科医师紧缺的情况下，精神科医生也基本选择到医院而非高校工作，那么可以考虑另一个思路———医校合作。

心理学模式和精神医学模式的紧密结合是一个趋势，而高校心理咨询体系较为完善，建立了专门的心理咨询机构，制定了相应的值班、预约、咨询和转介等制度，保证了广大学生的健康安全。高校以完备的心理咨询体系为基石，并从体制机制上进行设计和规划，将精神科专科医院作为重要的补充力量引入学校心理危机干预，定期邀请精神科医师到学校心理咨询机构开展咨询与排查，这是目前将心理咨询与心理治疗相结合最为可行，也是最为便捷的方式。

三、"医校合作"心理危机干预模式及保障

"医校结合"是国内心理危机干预工作新趋势，国内已经有部分高校开始尝试建立医校合作，但是合作内容更多集中在心理危机干预一块，开通心理疾病学生就诊通道。其实医校合作有很大的开拓空间和工作内容，比如，宣传普及精神医学、危机处理、咨询合作、联合研究等。本着"资源共享、相互促进、合力育人、共同发展"的合作理念，结合实际情况，充分利用医院、学校两方的平台，互通所有，建立全方位、多层次的协作，构建"预防—咨询—干预—服务"的心理危机干预合作模式。

（一）精神卫生知识宣传普及

心理危机干预要坚持"预防为主、以人为本"的原则，医校双方共享资源开展精神卫生知识宣传工作，并在重要节点，如"5·25"心理危机干预活动月、"世界精神卫生日"等，联合开展校内精神卫生知识普及和医院的宣传教育活动；同时，不定期邀请医院相关专家到高校为辅导员、班主任、心理委员开展精神卫生专题培训，了解身心疾病的调节和治疗方式，普及学生心理危机发生的规律，提升心理服务工作人员的危机识别和干预水平；利用新媒体传播心理健康理念和知识，开通"医校互动"APP平台，开通知识推文、心理咨询、转介就诊、预后监控等模块，强化学生心理健康意识。

（二）心理健康危（重）学生诊断、转介和治疗"绿色通道"创建

建立以精神卫生专业机构为骨干、综合医院为辅助、基层医疗卫生机构和精神疾病社区康复机构为依托的精神卫生防治服务网络。依托医院专科医师力量，聘请合作医院执业医生以"特聘咨询师"的名义不定期到高校心理咨询中心挂牌坐诊，精神科医师每周或每月来学校心理咨询中心工作半天。

除开展心理咨询服务外，对学校初步筛查和访谈后确定为重点关注的学生，实施进一步诊断筛查，并给予指导性意见。指定合作医院为学校精神疾病学生及严重心理健康学生转介医院，在学生心理危机的特殊时期和重要节点上提供积极的专业支持，形成危机预防快速反应机制，开展深入细致、及时有效的危机干预工作，为危（重）学生的转介开通便捷的"绿色通道"；指定合作医院为学校心理问题学生复学评估诊断医院，精神科医师疾病诊断意见作为重要的复学参考；医院对"危机学生"和"复学学生"予以建档立案，督促学生定期复诊，并就其医疗情况与校方保持顺畅沟通。

（三）心理咨询师专业能力提升

聘请合作医院部分精神科专家担任高校大学生心理危机预防和危机干预工作专家顾问，为该校心理危机干预与预防方面提供专业指导；推荐学校资深心理咨询师担任合作医院兼职咨询师，定期到心理门诊开展心理咨询工作；定期组织学校专兼职咨询师和相关人员到医院见习实习或专业进修，参与医院查房、咨询等工作，提高对精神疾病的识别、筛查和心理危机处理能力；聘任医院的精神科医生为学校心理督导专家，定期到学校开展心理咨询案例督导，提升学校心理教师的咨询胜任力。通过一系列举措，建立一支具有较强心理辅导技能和问题处理能力的心理危机干预队伍，推动和促进高校心理危机干预队伍专业化和专家化发展。

（四）心理健康学科建设

按照"分层次、讲重点"的原则，统筹双边资源，融合"心理"与"医学"视角，利用双方平台资源，就心理危机干预、心理咨询等多方面合作开展教学、科研等学科建设活动。教学方面，高校心理教师和医院精神科医生联合开展教学设计、构建教学和实训体系，将精神卫生内容纳入高校大学生心理危机干预授课计划，聘请名医和名师授课，对同一主题或问题，分别从心理学、精神医学等不同学科角度进行诠释，形成特色鲜明、专业水准的教学体系；反过来，高校的师资力量作为医院教育活动有力补充，针对医护人员就教学技能、教学设计开展培训，使教学查房、技能指导等各教学工作更加规范。科研方面，建立科研交流和学术研讨机制，定期开展"医校联合研讨会"，加强对学生心理危机干预中热点、难点问题的研究，如针对心理危机事件进行原因分析，开展科研项目攻关。

（五）社会心理服务合作开展

社会心理服务是建设平安中国、健康中国的重要举措，2018年11月，国家卫生健康

委等十部门联合发布《全国社会心理服务体系建设试点工作方案》，旨在通过试点工作探索社会心理服务模式和工作机制，维护社会和谐稳定。社会的和谐与高校安全稳定息息相关，高校和医院的心理健康从业者是开展社会心理服务的主力，医校双方要共同探索适合本地的社会心理服务模式，有效提升社区居民心理健康水平。依托精神心理治疗方面的专家资源和高校心理教师的资源力量，组建社会心理服务团队，面向社会提供快捷、精准、专业心理服务，定期到社区开展知识宣传、心理咨询、健康筛查等帮扶活动，不定期地面向社会进行公益讲堂、专家义诊、危机援助等服务工作，构建全方位、全人群、全覆盖的社会心理服务体系。通过医校双方的社会心理服务合作，促进社区的安全稳定和居民的幸福感，提升高校和医院的知名度，打造良好的学生工作和心理服务品牌。

（六）"医校合作"工作保障措施

医校双方要制定协议、保证资金、互通有无，在教育资源、学习材料等方面实现资源共享，从人力、物力、财力等方面全方位保障合作的顺利进行。

1.政策保障

将"医校合作"列入学校党政工作内容，将工作机制以制度形式写入思想政治教育的相关文件。完善高校心理危机干预制度，修订《学生手册》心理问题学生休复学相关条例：学校推荐心理疾病学生到合作医院进行诊治，并根据精神科医师开具的"疾病诊断书"意见进行休学或复学的决定。

2.协议约定

医校实行双边挂牌，签订合作协议，明确合作目标，规范合作行为，建立医校双方定期互访和联席会议制度，建立双方专业人员联动工作机制，制定相关考核指标和奖惩措施，明确医校合作工作中学校专兼职咨询师及相关人员的职责，规范推进合作项目。

3.经费支持

合作双方划拨一定金额费用作为医校合作活动专项资金，专款专用，用于专家讲座、咨询坐诊、问题筛查、心理督导、科学研究、社会服务等活动。

第三节　校园心理危机家校合作机制建设

一、校园心理危机干预中家校合作的依据

大学生心理危机干预中的家校合作意义重大。苏联教育家苏霍姆林斯基非常重视家校合作，认为最完备的社会教育是学校教育与家庭教育的结合。我国许多学者认为，家校合作是通过联合家庭和学校这两个对学生最有影响力的社会机构，以促进青少年的全面

发展为目标，家长参与学校教育，学校指导家庭教育，相互配合、相互支持，且双方的地位和作用是平等的。美国霍普金斯大学"家庭—学校—社区合作"研究专家艾普斯坦（Epstein）在《从理论到实践：家校合作促使学校的改进和学生的成功》一文中也认为，家庭与学校在家校合作中是平等的关系，并且将家校合作扩展为家庭、学校和社区三方合作，还特别强调要注重受教育者本身，认为学生是家校合作关系中重要的因素，强调学生的主体地位与作用。

（一）家校合作的理论依据

社会资本理论、交互作用理论和生态系统理论从各自角度对家校合作进行了阐述。美国社会学家科尔曼（Coleman）将社会资本理论运用到教育研究领域，将社会资本分为"家庭内社会资本"和"家庭外社会资本"，家庭内社会资本包括父母对孩子的心理教育投资以及亲子关系等，而家庭外社会资本则是指父母的社会关系，包括邻里关系、与教师的关系、师生关系等。科尔曼通过对美国各种类型学校的调查发现，在社会资本相对多的学校中，学生的辍学率明显低于社会资本少的学校，并且学业成绩也较好，这一事实证明了加强学校、家庭和社区的联系与合作会增强对学生的教育效果，有利于学生的全面发展。

美国学者艾普斯坦提出了包容性的家庭、学校和社区合作模型。该模型认为，影响学生发展的因素是家庭、学校和社区，三者共同的目标就是尽彼此最大的努力帮助学生实现学业发展成功。为了明确家庭与学校在教育活动中的任务和权利，提出"合作"来代替"参与"，强调学校与家庭在合作过程中的地位是平等的，家庭具有更重要的潜在影响。该模型体现了学校、家庭和社区之间的因果连续性，明确了三者之间不断发生的变化构成的不同模式对学生学习态度的影响，为家校之间的平等合作奠定了坚实的理论基础。

美国心理学家布朗芬布伦纳的生态系统理论从整体的社会环境来分析学生问题，认为学校、家庭和社区是青少年发展的重要微观系统，会对青少年的发展产生最直接的影响；而这三大微观系统的交互作用构成了青少年发展的中观系统，学校、家庭和社区三者之间的合作共育能有效地促进青少年的成长。

（二）高校家校合作的政策支持

国家高度重视在高等教育中开展家校合作，在《中共中央国务院关于进一步加强和改进大学生思想政治教育的意见》等文件中，分别从家校合作的必要性、健全"学校—家庭—社会"协同育人机制及如何开展家校合作等方面给出了明确指示。

首先，指明了家庭教育在青少年成长过程中具有的重要作用，家庭环境、家长的教育观念与教育方式等因素都会对大学生的心理健康产生深刻影响。学校需要探索建立与大学生家庭联系沟通的机制，家长也要加强与学校的沟通配合，增强家校育人合力，有效地提升学生心理健康教育水平。

其次，明确要健全学校、家庭和社会协同工作机制。高校要探索建立与大学生家庭和整个社会联系沟通的机制，促进全社会广泛参与，共同营造有利于大学生健康成长的社会环境。如高校要主动利用互联网新媒体平台，宣传普及心理健康知识；要争取与精神卫生医疗机构建立定点合作关系，可以与当地精神卫生医疗机构搭建大学生就医绿色通道等。

最后，政策为开展家校合作提供了切实可行的工作方法。

按照《关于加强学生心理健康管理工作的通知》等文件精神，一方面，学校可以通过家长讲堂等方式帮助家长更加了解大学生所处年龄阶段的心理特点和规律，可以通过线上线下平台向家长宣传普及心理健康知识，引导家长树立正确教育观念，以健康和谐的家庭环境影响学生。另一方面，家庭和学校要在心理危机的预防与干预方面加强合作。学校可以通过深度辅导等方式及时了解学生是否存在早期心理创伤、家庭重大变故、亲子关系紧张等情况，积极寻求学生家庭成员及相关人员的有效支持。对于入学时就确定有抑郁症等心理障碍的学生，家校要建立长效合作机制，及时把握学生心理动态，明确任务分工，主动承担自己的责任，预防心理危机的发生。学生出现自伤自杀、伤人毁物倾向等严重心理危机时，学校及时协助家长送医就诊。

此外，《精神卫生法》对学校、家庭的责任以及对监护人的法律责任也进行了明确规定，为家校合作提供了法律的保障。这些法律和条例为在高校中开展家校合作提供了政策支持和实践方向，具有重要意义。

（三）心理危机干预中家校合作的现实依据

家庭对学生心理危机状况的形成、发展与改善起着关键性作用，家校合作是心理危机干预中的重要环节。毕竟家庭环境因素，如家庭结构、家庭功能、父母教养方式、父母心理健康意识等因素是大学生出现心理危机的重要源头。

已有研究表明，家庭冲突和控制感与抑郁症状呈正相关关系，而家庭凝聚力与抑郁症状负相关；与儿童相比，虽然青少年与父母互动的时间减少、互动的方式发生变化，但父母仍然在青少年个性与社会性发展中起重要作用，是青少年重要的社会支持来源。拥有良好的亲子关系、家庭亲密度和来自父母的社会支持较好的青少年，较少出现行为问题和心理问题。另外，家校合作可以更全面地了解学生心理危机产生的原因，家校联动有助于发挥家庭、学校和社会多方资源帮助学生度过危机，并有效预防心理危机事件的再次发生。可见，在心理危机干预中开展家校合作势在必行。

二、校园心理危机干预中的家校合作现状

大学生心理危机干预中的家校合作是以促进学生的心理健康、保证学生的生命安全为目标，以学校为主体，由家庭、社会以及学生个人各方面参与的交互性合作活动。研究发现，学校和家庭都认为家校合作有助于危机处理，希望能够加强家校合作，部分高校也尝试性地开展了一些家校合作实践，并取得了一定的成效，主要形式有：发放《致新生家长的一封信》和《家长手册》，召开新生家长座谈会，开展新生家长心理讲堂，开通了家长

热线，接受家长咨询，提高家长的心理健康意识和水平。我国学者黄河清和马恒懿认为，家校合作研究作用巨大，值得深入挖掘和研究。我国关于家校合作的思想很早就萌芽了，"孟母三迁"典故中传达的家教的重要性以及社会环境对学生发展的影响，"一日为师，终身为父"等尊师重教的思想，是我国家校合作思想的起源。不过，这些思想并未形成系统，所积累的研究成果并不丰富，直到我国高等教育进入大众化阶段后，家校合作日益受到重视，学术与实践层面开始有了重要的进展。然而，目前的家校合作也面临一些困境。

（一）家校合作体制机制不完善

一方面，家校权责不清。家校合作意味着双方都要去承担义务与责任，通过共同努力协助学生从心理危机的风险中走出来。学校应该主动承担学生心理危机事件处理的安排和协调工作。家长应承担带学生就医、给予学生关怀支持等相关职责。而在实际工作中，个别家长缺少承担意识，认为家长把孩子交给学校了，学校就要对孩子的一切负责，不去承担本应由家长承担的职责，对监护人责任履行不到位。另一方面，学校缺少专门负责家校合作的机构，学校和家庭危机处理方式不灵活、职责分工不明确，学校主动和家庭的联系少，缺少家校合作的长效机制等问题可能为家校沟通带来困境，影响心理危机干预工作的有效开展。大多数高校并没有专门的机构来统筹开展家校合作及建立合作的长效机制，通常是辅导员或心理咨询中心教师直接和家长沟通，辅导员常常被事务性工作缠身，很难抽出专门的时间定期与家长沟通掌握学生的动态，常常是发现学生出现学业或心理异常问题时才联系家长；而心理咨询中心教师有教师和咨询师双重身份，咨询师直接与家长沟通可能会影响其与来访者的关系，影响工作的专业性和咨询效果。家校合作体制机制不健全直接导致家校合作缺乏系统性、科学性和实效性。

首先，从家校合作的时间来看，合作具有较强的偶然性和阶段性。高校一般集中在新生入学时利用家长座谈会开展宣传教育活动，在学生发生一些重大的意外情况（如学生突发心理危机事件、学籍异动、发生严重人际冲突、严重违反校规校纪乃至触犯法律等）时通知家长，希望家长积极参与配合。同样，家长一般也只有在学生出现异常情况时才会主动联系辅导员，这使得家校合作具有较大的被动性和临时性，家校合作的主要功能是"灭火"而非预防。

其次，从家校合作的方式来看，合作缺乏互动性和实效性。目前的家校合作或者通过新生家长座谈会、家长心理讲堂等形式展开，主要是学校向家长介绍学校的相关工作，家长被动地听，缺乏互动性；或者在学生出现异常情况后家校之间临时沟通学生情况，由于前期的信任与合作机制尚未有效建立，家校之间的合作往往事倍功半。

最后，从家校合作的内容来看，合作缺乏科学性和系统性。由于高校人力、物力等方面的限制和家长对孩子学业的高度重视，目前的家校和心理教育作较多关注学生的学业和就业，较少关注学生的心理健康问题。学校缺乏专门的部门负责统筹规划家校合作，对家校合作活动进行系统、周密的策划不够，导致合作的系统性和科学性难以得到保证；缺乏对家校合作活动成效的具体研究，许多家校合作活动效果差强人意，即使开展了家长培训，家长获得的知识和技能也比较有限，无法形成一套具有较强系统性、整合性的教育观念、知识和方法体系。

（二）家长心理健康意识薄弱

有些家长心理健康意识薄弱，未意识到心理问题的重要性，是制约家校合作的重要因素。家长最为看重的是孩子的学习，只要孩子没出现留级、延期乃至退学等异常情况，家长就认为孩子在学校一切挺好的。学校通知家长学生出现心理问题后，家长的第一反应通常是否认，非常坚定地说自己最了解自己的孩子了，孩子好得很，怎么会出问题呢，是不是学校搞错了。殊不知孩子出现心理问题在行为上的征兆被家长忽视了。孩子抑郁了失眠，而家长以为孩子作息不规律、长期熬夜才会这样；孩子起不了床、长时间不洗头发不洗澡不换衣服家长觉得孩子只是太懒了；孩子长期心情低落对事情都失去兴趣、注意力不集中成绩出现下滑，家长以为孩子只是抗压能力差；乃至孩子情绪崩溃不堪痛苦做出自残自伤等行为，家长仍无法理解孩子心理的煎熬，反倒先质问孩子，父母物质上给了你极大满足只是学习上对你期待高些要求严格些、为什么你就出现这样的问题，导致学生的心理问题进一步激化。孩子已经出现心理问题时，家长理应把孩子的身心健康、及时就医治疗放在第一位，但部分家长却只在乎孩子能否正常完成学业；医生建议孩子住院系统治疗或服药，家长却因为过于关注药物的副作用等原因拒绝让孩子服药或拒绝住院治疗。之所以出现这些问题，其背后的主要原因在于家长对心理健康知识和精神疾病、心理危机缺乏了解，对孩子的心理健康状况不敏感。

（三）家校合作开展不畅

学生常常会因为隐私问题不配合甚至阻挠家校合作。家长对孩子有很多理想化的期待，学生为了维护自己在家长心目中的好孩子、好学生形象，常常只把符合家长期待的部分展现给家长，而无法把自己内心真实的样子全然呈现给家长。出现学业问题、心理问题后，学生的第一反应通常是恳请教师千万不要告知家长。学生常常对家长只报喜不报忧，导致家长并不了解学生的真实情况。孩子出现心理问题后，家长通常是最后一个知道的。有些学生觉得家长沟通方式不当，无法理解自己，甚至会指责批评自己，不愿意与家长沟通自己的问题，即使学生知道家校合作对自身有帮助，也会比较抵触、不配合，甚至阻挠家校合作等。

此外，学生自身的心理健康意识及求助意识也影响家校合作的有效开展。

三、校园心理危机干预中家校沟通的一般做法

家庭教育是推进全员育人、全过程育人、全方位育人的根本保证，也是进行大学生心理健康教育和心理危机预防干预不可或缺的有效力量。拓展高校家校合作"广度""深度""厚度""信度"四个维度，助力大学生心理危机预防干预，形成分工合理、优势互补

的心理育人工作格局，实现育人资源优化配置，使心理危机预防干预能力提质增效。

（一）大学生心理危机预防干预可从拓展家校合作的广度下功夫

高校大学生心理危机预防干预是一项复杂的系统工程，包括干预者、受干预者以及干预形式、内容和环境等方面。各个方面之间既相互独立，又相互连接、相互依存、相互制约。而大学生心理健康教育以及危机预防干预除了辅导员、班主任、心理健康教育教师、心理咨询师等学校支持系统外，还需要社会和家庭支持系统的参与，尤其需要学生家长参与到高校学生管理中来，相互配合，形成合力。因此，需要通过多种途径拓宽家校合作的广度，夯实心理危机预防干预基础。

首先，强化理论学习，提升育人理念，打好干预基础。大学生正处于世界观、人生观和价值观形成的关键时期，这一阶段的青年学生开始思考人生的意义、自我的价值等"三观"问题。而社会思潮的碰撞，极易使学生沿着错误方向看待社会万象，形成背离社会主流的价值观，进而引发心理问题。心理健康教育是提高大学生心理素质、促进其身心健康和谐发展的教育，是高校人才培养体系的重要组成部分，也是高校思想政治工作的重要内容。新时代中国特色社会主义思想为高校育人工作提供了思想指引和实践遵循。家校双方要了解心理健康教育相关知识，遵循学生成长规律和心理发展规律，加强人文关怀和心理疏导，以培育学生自尊自信、理性平和、积极向上的健康心态为目标，为大学生心理危机预防与干预打下理论基础。

其次，加强组织领导，优化顶层设计，拓展育人视野。以往的高校家校合作都是零散的、单方面的交流。家长对于学生的精神世界和生活关注较少，一般只有在联系不上孩子的情况下才会联系班主任或辅导员；辅导员也只在学生出现问题时，且学校层面无法单方面处理需要学生家长参与时才会与家长联系。这种只有当学生已经出现比较严重的问题时，家校双方才交流的情况，往往也将导致错失预防干预先机，干预结果也不尽如人意。因此，学校学工部、心理健康教育中心以及二级学院党总支要从宏观层面加强家校合作平台的顶层设计和统筹协调，通过搭建以学校为主导、以院系为基础、以家庭为补充的三级心理育人网络，拓展育人视野、拓宽育人渠道，确保家校合作有组织，沟通交流有平台，增强家校合作心理育人的及时性与实效性。

最后，增强合作意识，注重同向同行，形成协同效应。通过调研发现，因多方面的原因，比如：绝大多数学生都是异地上学；学生不愿家长过多了解和干涉自己的学校生活；家长片面认为学生在校学习就可放任不管；从事学生管理工作的老师也不希望学生家长过多干涉等，在家校合作过程中，学生、家长、教师还存在较多的认识偏差，使其合作意识淡薄，合作阻力较大。为了破除这些陈旧理念桎梏，打通家校合作"最后一公里"，家校双方需要增强合作意识，让学生明白家长与老师合作是为了帮助他们高效解决在成长过程中出现的疑惑；让家长懂得学生心理问题的预防与干预离不开家庭支持系统；让老师清楚高校心理育人需要家校双方共同努力，需要学生家长积极参与到学校育人管理中来。这样才能使学校教育和家庭教育同向同行，形成协同效应，凸显家校合作育人、协同育人在全员、全过程、全方位育人的功能。

（二）大学生心理危机预防干预可从锤炼家校合作的深度下功夫

心理健康教育是育心与育德相统一的过程。人无德不立，立德是育人的根本。思想道德水平与心理健康水平呈正相关性，提高大学生的思想道德水平有助于提升其心理健康水平。心理健康水平高的学生对生活充满积极的态度，即便出现心理困惑也善于自我调节，容易从失意中走出来。家校双方通过加强学生思想道德建设，使家校合作向纵深推进，发挥优势互补作用，提高学生道德修养，进而促进心理健康水平的提升。

首先，加强家风师风建设，树立好的榜样。家庭是社会的细胞，家风是一个家庭在社会的价值缩影。积善之家，必有余庆；积不善之家，必有余殃（《易传·文言传·坤文言》）。好的家风应该从家庭道德品质、精神风貌和审美格调等方面加强建设。从唯物主义角度来看，家风属于社会意识，对社会存在即社会风尚具有能动的反作用。优良的家风必能培育出精神、品德和行为出众的社会成员。而教师作为传道者首先要明道、信道，要坚持教育者先受教育，坚持教书与育人相统一，坚持言传与身教相统一。"师者，人之模范也"（《法言》），教师应该不断完善自身道德人格，提升道德情感，以德立身、以德立学、以德施教，做好示范引领。优良的家风与师风一方面给学生营造了良好的学习、生活环境，家长和老师为学生树立了榜样；另一方面，能为培养学生积极心理品质、促进学生身心和谐发展打下根基。

其次，聚焦家校德育教育，培养良好的品质。德育与心理健康教育是高校大学生思想政治教育两个主要内容，二者之间密切联系、相互补充、相互促进。走进新时代，弘扬家庭美德、职业道德，倡导社会主义核心价值观既是家校德育教育内在要求，也是提升大学生心理健康水平的重要举措。聚焦德育教育，家校双方可从培养学生明大德、守公德、严私德上下功夫，积极培育和弘扬社会主义核心价值观，引导学生正确认识义和利、群和己、成和败、得和失，培养学生做一个高尚、纯粹、有道德、脱离低级趣味的人。以育德促育心，以加强道德修养促进心理健康素质的提升，以德育教育培养学生理性平和、乐观向上的心态，从而最大限度地预防和减少心理危机个案的发生。

（三）大学生心理危机预防干预可从涵养家校合作的厚度下功夫

大学生心理危机预防与干预过程中家长参与度低，一个很重要的原因是缺乏家校合作学习交流平台。由于没有平台做支撑，家长可能一直处于被传唤的被动作为下，所谓的"合作"也由"沟通交流"变为"传达接受"，而这势必会影响家校合作的效果。大学生心理危机预防干预需要家校合作作为保障。为切实改变目前的这种"合作状态"，让学生家长由"被动"向"主动"转换，需创新合作新途径，以确保心理危机预防干预能起到较好的效果。

首先，加强平台建设，合力推动家校合作育人工作。家长委员会是确保家校合作育人理念贯彻落实和推动家校合作育人工作的平台。院校可通过家长委员会宣传党的教育方针政策、学校的育人理念与思路、普及心理健康教育和心理危机干预等知识。家长一方面可以利用平台持续"充电"，弥补心理健康知识的匮乏；另一方面可以依托家长委员会参与到学院管理及教学的规划和实施，能及时、全面地了解学生的在校情况。高校院系党总支应组织建设好家长委员会，选优配强家委会班子成员，以便切实发挥其主体功能。

其次，创新体制机制，为家校合作育人提供制度保障。高校应结合学校学生管理办法出台相应的管理制度，明晰家长在学生的大学生活中所扮演的角色、应发挥的作用，明晰教师与家长之间的关系等。家长因与子女长期的共同生活，对其习性了解有天然的优势，应成为学校教育的合作伙伴，是进行学生心理危机预防与干预的好帮手。教师尽管在育人过程中处于主导地位，但也应与家长形成平等对话关系，否则将不利于家校合作。通过创新体制机制，真正形成分工合理、优势互补、协同育人工作格局，实现育人资源优化配置。

最后，改进工作方式，使家校合作育人提质增效。过去的"传达式"家校合作形式与内容都比较单一，家长不能深入参与进来，对出现心理危机的学生也无预防干预手段。家长委员会给家校双方提供了合作育人平台，院系可按月在家委会中介绍学生管理工作、学科专业教学、学生活动等，保障家长对于学校教育的知情权、参与权和监督权。学管老师也可以及时地将心理异常的学生反馈给家长，共商干预措施，从而形成学校、院系、班级、宿舍以及家庭"五级"预防和干预机制。同时，家长也可以分享自己的育人经验，对学校教育建言献策，充分发挥其在陪伴孩子成长过程中不可或缺的纽带作用。

（四）大学生心理危机预防干预可从提升家校合作的信度下功夫

家校合作的目的在于整合育人资源，提高心理危机预防干预水平，合力使学生成长成才。学生心理危机产生的原因：一方面由于自身心理抗压能力低、承受能力差、自我调节功能弱；另一方面则是遇到问题既不愿向老师请教，不相信学校的教育，也不接受家庭教育，长此以往，消极情绪累积陷入心理困境。因此，在心理危机预防干预机制中还应提升家校合作在学生心中的信度，让学生愿意与家长、老师分享个人得失，愿意相互成为知心朋友。

首先，立足家庭教育，重视生命教育，启迪精神世界。家长是学生的第一任老师，家庭是学生的第一所学校，也是生命教育的发源地。家庭对每个人的成长具有持久、深刻的影响。大学生正处于由青少年向成年人转换的特殊时期，他们朝气蓬勃、视野宽广，大部分学生急于摆脱父母的干预，而大学各阶段又容易引发心理问题。这就需要家长能在合适的场合、用恰当方法加强生命教育知识的宣传，以尊重生命、珍惜生命、理解生命的价值为基础，启迪精神世界，建立和谐、友爱的亲子关系。

其次，立足校园阵地，灌输正确理念，把好成才方向。新时代的大学生或多或少仍然存在政治信仰迷茫、理想信念模糊、价值取向扭曲、社会责任感缺失等问题，各专业老师、辅导员应因事而化、因时而进、因势而新，把握学生成长规律，利用好课堂讲堂，让学生深刻理解领会四个"正确认识"，促进学生心理健康素质与科学文化素质协调发展。对于存在心理危机或生命困境的学生建立学生心理健康易感人群台账及家庭情况档案，及时开展心理疏导、访谈和跟踪辅导工作。通过开展丰富多彩、格调高雅、健康向上的校园活动弘扬先进文化、传播正能量、引领新风尚，使以文化人、以德育人、以情感人在校园蔚然成风。

最后，立足合作育人，发挥优势互补，助力成长成才。家庭和学校对学生培养的目标、期望一直以来都是一致的，都希望学生成才。这就使家校合作有坚实的合作基础，而家校双方又各有各的优势。高校有科学的人才培养体系，有业务能力精湛、育人水平高超的教师队伍，而每个人的成长又都离不开父母的教诲。在面对学生心理危机时，学校与家庭之间要平等相待、相互尊重、通力合作，而非相互指责、互相推诿。"万物并育而不相害，道并行而不相悖"（《中庸》），合作才能共赢，只要充分用家校合作这个平台，凝聚家校合作的磅礴力量，必能有效解决学生的思想、心理和行为问题。家校合作育人、协同育人模式也必将在大学生心理危机预防干预中大放光彩。

四、校园心理危机干预中家校沟通的制度化建设

目前，高校的家校合作通常在学生出现潜在危机时开展，由于危机出现前双方未能建立良好的信任与合作关系，往往事倍功半。如何在危机发生前建立良好的合作关系，是未来工作的突破点。高校要探索和完善工作机制，贯彻落实教育部等相关部门的文件精神，按照比例配备充足的辅导员和心理咨询师，并设立家校合作专项资金，以保障学校有足够的人力、物力和财力来开展家校合作工作。同时，各高校可以根据自身特点，开展家校合作方面的相关研究，探索建立具有实效性的合作模式，并针对目前家校合作中的主要困境，制定一系列制度性文件。

（一）搭建家校联系的平台

目前，新生报到开学时，家长一般都会亲自送到学校，这时候各高校可以充分利用这个时间节点，让学生和家长在充分了解学校的前提下，高校除登记学生和家长的信息外，还可以向家长详细介绍学校的家校联系制度，发放家校联系卡、宣传小册子、上室内室外公开课等，起到变被动为主动的效果。

另外，在登记学生的家长信息外，要与时俱进，除预留手机号外，还要登记微信、关注微博、微信公众号等方式，以便能通过网络平台更有效率地取得家长的联系和帮助。通过建立稳定的、基础的家长联系台账，有助于之后的工作开展。

（二）拓宽沟通渠道

1.利用面谈、书信、通知、家长会、电话等传统联系方式

处理心理危机工作时最好的沟通办法便是家长亲自到校交流，比打电话或者其他方式

都行之有效，因为这样可以从表情、言语中了解更多信息，也能增进互信度。但是往往很多家长并没有把学校的建议放在心上，认为孩子的状况可能并没有那么严重，或者说疲于自身工作，抽不开身，因而不愿来校处理。还有很多学生都是来自不同的地方，有内蒙古的、有新疆的，有海南的……显然，家长来此学校是非常困难的事情，家访就更难了。高校可以针对大一新生和毕业生分别开展类似于"我的家书""给家长的一封信"等活动，通过书信、电话等方式向家长汇报和介绍子女在校的学习、生活和心理动态。同时，每年的新生入学季，学校可以设立家长意见箱，召开新生家长座谈会，搭建家校近距离沟通平台。

2. 充分利用网络等现代信息技术

随着科技的迅速发展，许多通信方式发生了很大变化，之前传统的书信、电话等沟通方式已经不能适应社会的变化，微信、微博等社交软件给我们的生活带来了巨大变化。作为新时代高校工作者，在开展思想政治教育工作时，我们可以通过建立 QQ 群、微信群、钉钉办公平台等家庭、学生、学校的三方沟通平台，对表现优异的学生，在群里大张旗鼓地进行表扬，起到榜样的作用。同时，可以通过影音、图像、文字等方式进行信息传递，建构现代发达的以网络信息技术为支撑的家校沟通模式。

（三）建立规范有效的家校联动机制

心理问题的形成往往不是一蹴而就的，而是从中学阶段甚至童年时期就有了萌芽。对于有学业压力、失眠困扰、重大负性生活事件、抑郁情绪等现象的学生，学校便需要主动与家长取得联系，以便更有针对性地关注和制定相关帮扶措施。在日常接触中，深入学生工作一线的工作人员应当深入学生当中，对学生的日常、思想生活状态进行深入的了解，一旦发现异常情况，要及时有效地向家长反馈，共同寻找原因，找出症结所在，早发现早应对。一旦发生突发事件，学校便能立即与家长取得联系，共商对策，同时要求家长尽可能早地赶到学校，建立有效、稳定的家校联动机制。

第四节　校园心理危机社校合作机制建设

将社会工作的技能、方法和理念等运用到大学生心理危机干预机制的构建中，可以营造健康积极的学校环境和氛围，从而促进大学生的健康成长。

一、学校社会工作在高校心理危机干预机制构建中的可行性

（一）经验上的优势

学校社会工作虽然在我国处于起步阶段，但是在西方国家和我国的港台地区却有比较悠久的发展历史。例如，美国自 1907 年开始推行学校社会工作以来，学校社会工作已成

为社会工作体系中不可或缺的一部分。2002 年 9 月，在上海浦东新区的支持下，5 位社工专业人士走进 6 所民办学校开展社会工作，引起社会工作界和教育界的极大反响。2007年，深圳、广州等珠三角地区凭借地理上靠近中国香港的优势率先发展社会工作事业，并尝试以政府购买学校社会工作岗位的形式在一些学校开展学校社会工作服务。国外和珠三角地区的有益探索为内地学校社会工作事业的发展奠定了基础。在未来，社会工作蓬勃发展将是一个趋势，这就为学校社会工作介入高校心理危机干预工作提供了可能。

（二）理念上的优势

现代社会工作的基本特征是一项助人活动，是一种利他行为。学校社会工作是一项预防性、发展性和补救性的服务，能够弥补高校心理咨询工作单纯的补救性功能。同时，社会工作是一项道德实践的过程，提供服务的社会工作遵循"助人自助""平等""尊重"的理念，他们将学生作为拥有平等地位的人，在与学生沟通中善于运用同理心、接纳等技巧，很容易获得学生的信任和接纳，所以更加容易发现学生在日常学习和生活中遇到的心理和行为问题，从而能很好地预防心理危机的发生。

（三）方法上的优势

个案工作、小组工作和社区工作是学校社会工作的三大专业方法。社会工作发展起步比较晚，所以充分吸取了心理学、社会学等学科的理论精华。在社会工作百年的发展史中，个案工作者一直在积极参与发展和运用心理咨询和治疗的各种理论和技术，所以学习社会工作在危机干预体系构建过程中与高校心理咨询工作有若干共同之处。同时，除了心理咨询的方法的运用，学校社会工作还掌握了小组工作和社区工作的方法，这些方法能够较好地调动和组织各方资源，容纳多种力量的合作，从而有利于构建较为全面的心理危机干预机制。

（四）理论上的优势

学校社会工作不仅着力于解决学生的多种问题，而且还从多种理论视角上对学生的心理问题进行分析。20 世纪，美国学者安德逊提出学校社会工作有传统临床模式、学校变革模式、社区学校模式和社会互动模式等四种模式。贝尔金指出，目前危机干预的理论模型有平衡模式、认知模式和心理社会转变模式三种。其中心理社会模式认为，分析受害者的危机状态，需要从内外两方面入手，除了考虑其个人心理因素和人格特点以外，还需要考虑外在的家庭、学业、社区等对其的影响，这和学校社会工作的"社会互动模式"是不谋而合的，其强调从全面、整合的角度看待学生的问题，通过宏观分析，来发现个人、学校、社区等多方的联系和互动，从系统角度将学校社会工作的触角延伸至学生问题的各个方面，从而为学生创造健康成长的环境。

此外，学校社会工作认为，每个人都有其独特的优势，所以其很少为学生越俎代庖地做决定，在危机干预中，让学生最大限度地参与目标达成的全过程，在一个目标达成以后，引导学生对下一个目标进行思考，充分发挥其潜能，为其"赋权"。

二、学校社会工作在心理危机干预机制构建中的策略

按照珠三角地区的经验，目前，学校社会工作主要由驻校社工负责。心理危机干预机制的构建是一个系统工程，学校社工按照需要帮助的学生的各种情况，运用不同的专业方法和技巧来解决问题。具体来说，学校社工可以采用个别辅导、小组工作和社区活动等策略来建立和完善心理危机干预机制。

（一）个别辅导的运用

学校社会工作在日常的工作中，要秉承平等、尊重等理念，深入到学生中去，获得学生的信任，掌握学生的心理健康状况，建立学生心理健康档案，确定心理危机发生的重点人群，及时发现学生的反常行为，做好心理危机的预防工作。同时，在危机干预过程中，需要运用同理、倾听等专业技巧，准确对问题学生的问题进行评估，充分利用学校、社区和学生家长的资源，发挥在学生、学校和家长之间的枢纽作用，做好辅导和转介工作。

（二）小组工作方法的运用

学校社会工作可以针对学生的发展性需要，开办一些成长小组、发展小组等以提高学生的心理健康水平。同时，对有类似问题和需要的学生开展治疗小组等类型的小组，运用团队的动力来促进学生的健康成长，缓解学生在心理创伤中的紧张情绪。

（三）社区工作的方法

按照社会工作"人在情境中"的观点，个人是环境的产物，社会环境影响个人，同时人也会影响社会环境。在目前实行学分制的制度下，宿舍是大学生的聚居区，因此可以将其看成学生生活的社区，"高校作为青少年共同生活并有一定心理认同的地理区域空间和社会关系网络，正好符合了学校作为社区工作对象的内涵"（魏爱棠，2007）。所以在心理危机干预机制的构建中，学校社工可以运用社会工作的方法，面对高校学生进行需求调查并进行评估，设计适合学生心理健康发展的项目并付诸实施，注重培养学生中的领袖，从而丰富学生的课余生活，培养多种多样的兴趣爱好，发挥社会工作预防性和教育性的功能，搭建学生与学校、社会、家庭沟通的桥梁，降低学生心理问题发生的概率。

三、社校合作机制介入大学生心理危机突发事件的案例分析

案例从辅导员视角，阐述运用学社校合作机制介入某一大学生心理危机突发事件的干预过程。

（一）案例介绍

李红（化名），女，22岁，大学（第二次复学）二年级学生，性格文静，与人交往过分礼貌，对周围环境敏感。由于之前抗抑郁的电击治疗，记忆力及专注力下降，上课无法认真听讲，学业困难，考试重修率高；缺课率高。在与同学相处过程中，经常产生矛盾冲

突；且班级同学无人愿与其结成小组完成作业。相比同龄群体，她过分不在意个人形象。受其抑郁等心理疾病的影响，她的睡眠质量很差，经常失眠。

自复学入班以来，该生逐步从微信朋友圈和班级常规活动中退出，从不参加班级集体活动，与班级同学不往来，搬离集体宿舍，独来独往，一般和爸爸妈妈住在北京 S 区家中，上课期间由爸爸陪读，住在学校附近小区。对班级中自己看不惯的现象，会与班级同学产生冲突，对事件的看法会产生绝望、无助或无价值感的反馈；甚至言语间表现出消极悲观的倾向，表达活着没有意义等想法。但其有练习瑜伽的爱好，并通过持续训练取得教练资格证。该学生的父母为高知、高收入群体，家庭物质条件较好。因为父母工作原因，童年时期一直与外婆一起生活，极少与父母交流沟通，父母均不了解孩子的真实想法及感受。在该家庭中，夫妻关系不和睦，经常争吵甚至发生肢体冲突。在亲子关系中，该生与其父亲关系更为亲密，这与其母亲在日常生活中性格强势、脾气不好，对其要求高、言语中批评多于鼓励有直接关系，成长中的这些经历给其心理造成巨大影响。

（二）辅导员应对大学生心理问题的工作模式

按照社会工作实务的通用模式，主要包括接案、预估、计划、介入、评估及结案六个阶段。案例基于介入的实际情况，主要介绍六个阶段突出的有效措施及工作总结。在接案阶段，辅导员的核心工作是与该生建立良好的关系。

在学生办理复学手续时，鉴于该生之前心理台账记录信息，心理老师反馈需要重点跟进本学生抑郁状况的恢复情况，该生曾经专业医生诊断，确诊为重度抑郁，此前已休学两次，本次复学属于带病复学。辅导员在了解该情况后，第一时间与其父亲取得联系，了解其当下具体情况，为学生复学进班做相应准备。同时，为确保该生的生命安全，第一时间与学生家长沟通其当前的心理状态，希望家长能够积极主动地配合学校共同做好学生的复学相关工作，保证学生在家、在校都能安全健康地成长。通过与学生谈话，了解其当下的心理状态和真实感受，运用接纳、同理心、真诚、倾听等技巧，获得学生的信任。同时，在复学前期通过搭建班级学生一对一帮扶机制，住宿学生宿管随时沟通机制，专业教学老师特殊学生情况报备机制，辅导员家长 24 小时随时联系机制，全方位、多群体共同关注其日常状态，为其顺利适应复学生活提供保障。

在预估阶段，链接心理老师及专业医生资源，围绕其"需要生活在人群中，与人接触"的核心需求，与学生及其家长开展多次沟通，深入了解其想法和需求。通过沟通，确认其需求主要包括以下几个方面。

首先，可以回归到正常的校园生活环境，继续参加教学活动。

其次，能够在小范围尝试开展人际交往活动，与班级部分同学建立一定的联系。

再次，在保证该生病情稳定的情况下，帮助其尽量减少药物依赖，争取早日结束药物治疗。

最后，促进亲子关系的改善，与父亲建立更加密切的联系。

在计划阶段，充分尊重该生的想法及决定，与其在充分协商后制订了以下目标及计划。

第一，在本学期，按时吃药，争取全程参加学校的教学工作。

第二，加强锻炼，每天运动1小时，释放负面情绪，缓解焦虑及失眠的症状。

第三，与班级的学习委员进行结对子互助行动，更好地促进学习活动的开展。

第四，与副班长一起营造良好的宿舍环境，与舍友和谐相处。

第五，通过老师转述自身内心的真实想法及诉求，与父亲形成更加亲密的亲子关系。

在介入阶段，辅导员遵循社会工作"人在情境中"的理论，关注家庭、学校、社区、文化等不同环境对学生的影响，尤其重视家庭与学校间的沟通与协调，与其父亲建立"124沟通模式"（1对1，24小时沟通模式）。运用系统理论分析该生与社会环境中各个子系统的相互作用，改变学生及其所处的环境以及她与环境之间的互动，以解决学生的诉求，改变其当下的困境。如在与学生个案服务过程中，了解到学生当下的情况与其成长过程中父母关系不和睦，经常吵架有直接关系，建议其父亲关注其家庭出现的问题，缓和夫妻关系，为学生营造轻松愉悦的家庭氛围，让家庭为学生提供更多的爱与温暖。在对学生开展个案会谈的过程中，运用优势视角，充分肯定其在瑜伽方面的努力及坚持，增强其自我效能感，提升其自信心。链接主要学生干部、宿管老师、专业老师及心理老师等校园资源，完善其社会支持网络，促进其社会融入。在个案沟通中，为其赋能，帮助其提升与同学沟通、相处的技巧，养成换位思考的意识，提升其人际沟通能力。

在评估阶段，通过开展过程评估，采用纵向对比的方式检验个案介入的成效，基本实现服务目标，取得了较为理想的结果，主要包含以下维度。

首先，学校生活方面，该生之前两次休学，在校学习时间最长不超过一个月，此次学生在校持续一学期，后因实在无法适应与多名舍友同时居住的环境，采取家长陪读模式，继续参加教学活动。同时，还与班级学习委员、副班长、舍友、宿管老师、专业老师等建立了较为良好的关系，完善了自身的社会支持网络，顺利地完成了大学一年级的学业任务，顺利进入大学二年级。

其次，心理健康方面。在本学年内按照医生的医嘱按时吃药，同时，积极与辅导员老师沟通交流，听取辅导员老师的建议及指导，正确处理焦虑、失眠等负面情况，未再出现异常行为，情绪稳定，同时，也掌握了一定的处理消极情绪的方法。

再次，亲子关系方面。通过与其父亲进行沟通，反馈出该生相较之前对其产生更大的信任及依赖，父女关系得到进一步发展。本个案服务后期，学生与家长沟通重新制订学生的学业计划，师生关系发生改变，故个案服务结束。

（三）案例反思

在学生所处的生态体系中，作为辅导员要充分发挥自身在心理危机介入的积极作用，主要可以从以下几个方面进行。

1.掌握群体特点，有效跟踪预防

新时代辅导员要学会运用微信朋友圈、微博、抖音等网络途径，及时了解掌握学生的思想状况及基本动向。通过进班查课、走访宿舍等活动深入学生学习生活，围绕学生亟待关注的需求定期举行班会，全方位掌握学生情况。对于人际交往层面、学习学业层面等存在特殊情况的学生给予重点关注，及时与学生、家长、宿管老师及心理老师多方联系，形成家校共育合力，支持学生成长。

2.开展赋能培训，提升应对能力

目前很多学生在识别心理问题方面存在知识盲区，社会工作专业理念倡导助人自助，辅导员要开展相关培训指导，提升学生知识储备及应对能力。首先，对心理问题缺乏自我觉察。其次，对心理问题缺乏正确的认知，选择逃避或隐瞒自身情况，具体表现在不愿意被其他同学知道自己做过心理咨询或找过心理医生。要扫除这些知识盲区，形成正确认知，必须加强宣传和教育。辅导员要根据本班学生的生理、心理发展特点，在不同阶段，集中开展主题班会、知识竞赛、主题日等活动，同时匹配相关一对一指导及服务，帮助学生正确认识，掌握寻求帮助的渠道及办法，树立正确的心理咨询观念，避免心理问题长久得不到解决而导致自伤或伤人的结果，力图将心理危机突发事件的发生率降到最低。

3.加强资源链接，改善社会支持

网络辅导员在运用社会工作专业知识开展服务的过程中，要有意识地将社会工作三大直接服务方法进行整合，充分发挥资源链接者的作用，尤其是其家庭资源。父母对学生家庭环境的改善具有重要的影响，通过介入其父母开展工作，整合其父母的有效资源，从而进一步服务学生。同时，帮助学生整合其自身所处的外部环境资源，改善自身社会支持网络，提高应对心理危机突发事件的能力，最终顺利渡过危机，健康成长。

当前频发的大学生心理危机突发事件是每一所高校在大学生管理工作中不得不面对的重要挑战。应用专业的社工知识，及时帮助学生疏导不良情绪，修正错误认知，改善消极行为，开展有效的个案干预，助力学生学习成长。在本案例中，运用学校社会工作相关知识，开展个案服务，做到了早发现、早干预，针对学生的问题做了大量分析，给予学生和家长有效的心理疏导和建议，取得很好的效果。

第五节 《精神卫生法》在心理危机管理中的应用

大学生初入大学，离开父母和亲人来到一个陌生的环境，面对陌生的人群，心理方面的波动自然会比较大，在心理方面就会出现很多不同危机。例如，大学生疯狂网贷、自残、自杀等情况屡见不鲜，大学生是社会的精英和祖国的未来，如何提升大学生的心理素质是事关大学生健康成长的重要话题，不容忽视。《精神卫生法》是国家为精神卫生事业发展制定的法律，加强对《精神卫生法》在日常大学生心理危机干预工作中的作用，是有效解决大学生心理危机的重要途径，能够采取合理合法的手段将其合理解决，符合当代经济社会发展和大学生群体的需要，促进大学生心理健康的发展。

一、《精神卫生法》关于心理危机干预的说明

心理危机干预主要通过采取某些措施来干预或改善危机情境，调动处于危机之中个体的自身潜能，帮助个体重新建立或恢复危机爆发前的心理平衡状态，以防止伤害处于危机情境中的个体及其周围的人。

《精神卫生法》与大学生心理危机干预直接相关的条目可以概括为以下几个方面。

（一）干预机构

《精神卫生法》第十六条明确指出，各级各类学校应当对学生加强精神卫生知识教育；通过建立心理健康辅导室，聘请辅导员、心理健康教师或给予相应的人员配备，对学生开展心理健康教育，从人员、机构等方面对高校心理危机干预进一步加以明确。

（二）干预对象

《精神卫生法》第十六条明确指出，"如果发生意外伤害、自然灾害、公共安全等可能影响到学生心理健康的事件，学校要让心理专业人员立即给学生心理援助"，针对应激事件的干预是高校长期以来危机干预的主要内容，如今以立法的形式确立了下来。

同时，《精神卫生法》第二十七条强调"不得违背本人意志进行确定其是否患有精神障碍的医学检查"，第三十条规定"精神障碍的住院治疗实行自愿原则"，因此，在某种程度上可以认为患有精神障碍、严重精神障碍的大学生不再直接是高校心理危机干预对象，过去围绕他们所设计与开展的各项干预措施必须依法调整。

（三）干预方式

其一，《精神卫生法》第二十三条"心理咨询人员不能从事精神障碍的治疗、诊断或者心理治疗"及"心理咨询人员如果发现被咨询人员有患精神障碍的可能，必须建议接受咨询的人员去医疗机构就诊，机构必须符合本法规定"等，高校心理专业人员对于精神障碍大学生的工作主要是"发现"与"建议"，而不是直接干预。

其二，《精神卫生法》第十六条指出"学校和教师应当与学生父母或者其他监护人、近亲属沟通学生心理健康情况"，这里强调的是"沟通"。

作为精神卫生知识宣传、心理健康教育的主要阵地，高校必须在《精神卫生法》的基础上进行大学生心理危机干预，从干预机构、干预对象、干预方式等方面进行重新厘定和调整。

第一，心理健康专业人员要对异常学生进行评估，确定为疑似患精神疾病或有严重心理障碍、自杀倾向状况的，应当立即采取措施予以阻止危险行为，保证学生的人身安全，

并将其送至医疗机构进行精神障碍诊断，同时应及时与学生父母或者其他监护人、近亲属沟通学生心理健康情况。

第二，对于那些因身边同学出现极端危机状况而受到影响的学生，学校应该及时将与其有关的同学（同班同学或者舍友等）组织起来，由心理健康专业人员对学生进行心理援助。

二、《精神卫生法》促进大学生心理危机干预的意义

（一）促进心理健康工作专业化水平的提高

过去，很多高校因为缺乏机构和人员，心理健康教育工作流于形式，难以深入。根据《精神卫生法》第十六条的有关规定，学校应该做到以下两点：一是设立心理健康辅导室，配备专门的心理健康教育教师、辅导人员；二是加强对学生的精神卫生知识教育。这在一定程度上强化了各个学校对大学生心理健康工作的重要性的认识，客观上可使学校在经费、人员、政策上向相关机构和人员倾斜，促进该项工作的长足发展。

另外，《精神卫生法》第二十三条强调：心理咨询人员应当提高业务素质，遵守执业规范，为社会公众提供专业化的心理咨询服务。这项法律条款将彻底改变现在某些学校缺乏具有执业资格的心理咨询师，而让一些辅导员、行政干部开展心理咨询或危机干预工作的现状，切实提高学生心理咨询水平，促进心理危机干预工作的有效进行。此项条款同时为高校心理健康工作者的专业化、职业化发展提供了法律的保障，有利于人才队伍的稳定和长期发展。

（二）各方法律责任更加明确

根据《精神卫生法》第二十八条的有关规定，对于疑似精神障碍患者，个人可以去医疗机构诊断，近亲属也有义务将其送往医疗机构进行精神障碍诊断。对于疑似精神障碍患者的一些行为，如伤害自身、危害他人安全，其近亲属、所在单位、当地公安机关应当立即采取措施予以制止，并将其送往医疗机构进行精神障碍诊断。这个条款对精神障碍患者的亲人、学校工作人员的责任予以了明确，一般而言，精神障碍的患者家属应当正常履行其义务，主动送其就医，但是在高校中，经常会出现有心理障碍的大学生的家属不知出于何种原因，拒不承认并且拒不配合对学生的医疗，造成学校工作的被动。过去，只能通过与家长讲道理的方式来缓和矛盾，化解问题，但是《精神卫生法》的实施，给了高校教育工作者一项重要权利，就是当学生出现了自伤、伤人情况时是可以直接送其到医疗机构开展精神障碍诊断的，这无疑为高校的学生工作争取到了主动权。另外，该法还强调：对于疑似精神障碍患者，医疗机构必须为其治疗，没有任何理由拒绝这一请求。这个条款有效地避免了某些医疗机构不负责任将问题重新踢回学校的可能性，为高校的工作给予了法律支持。法律明确了心理咨询人员的工作内容和工作边界，该法第二十三条指出：心理咨询人员不得从事心理治疗或者精神障碍的诊断、治疗。在做接待上门咨询的工作时，对于疑

似患有精神障碍的，心理咨询人员应该建议其到符合本法规定的医疗机构就诊。

总之，对于高校心理咨询工作人员的要求就是，不得随意对学生进行诊断和定性，一旦发现有精神障碍的特征应及时采用转诊的方式交给专业医疗机构，停止咨询服务。这在一定程度上来说，也是对高校心理咨询教师的一种法律保护。

三、《精神卫生法》与大学生心理危机干预工作

《精神卫生法》的颁发结束了精神卫生领域无法可依的局面，不仅仅是对高校心理健康教育工作的负责，而且成为指导大学生心理危机干预工作的准绳。高校各项心理健康教育工作应当严格恪守相关法律的各项规定，建立、健全制度，做到知法不违法，同时也不能出于担心，不做或少做学生心理咨询，而是要依法调整，探索更合法的形式开展高校心理危机干预工作。

（一）构建干预体系，完善心理档案

构建并完善"学校—心理健康教育中心—心理辅导站—班级—宿舍"五级心理危机干预体系。以学校"大学生心理危机干预工作领导小组"为保障，以心理健康教育中心为指导，以心理辅导员、心理委员、宿舍心理护航员为依托，使学生遭遇心理危机时能得到最及时、最有效、最专业、最有利的帮助。构建心理危机干预体系的同时，必须完善学生心理档案。在坚持知情同意的原则下，对大一新生进行心理健康普查，心理咨询老师根据普测结果筛查出异常学生，与他们逐一访谈，建立和完善其心理档案，并对心理档案实行动态管理。此外，每年对曾经被列为异常学生行列的学生进行重新测试，并更新其心理档案；心理健康教育中心要将异常学生的名单及时通知到各系部的心理辅导站；心理辅导站加强对学校反馈学生的关注，有针对性地对学生进行干预，防患于未然，并每个月上报心理状况报表；心理委员、宿舍心理护航员对异常学生平日生活和学习状况给予关心和支持，帮助心理异常学生走出阴影。

（二）开展危机教育，增强识别能力

目前，大学生对心理危机及干预方面的知识缺乏足够的了解：一方面不能发现周边同学发出的心理危机信号；另一方面，当出现心理危机事件时，也不能及时处理及求助，导致不良后果的出现。针对这种情况，可以从以下两个方面增强学生识别心理危机问题的能力。

通过大学生心理健康教育必（选）修课、专题讲座、校刊、心理健康教育网站、心理健康微博、微信等形式，开展丰富的心理健康教育宣传活动，让学生了解更多的心理健康知识，增强他们的心理保健意识，端正他们对心理咨询的看法，提高学生在遇到困扰时积极处理问题的能力。

对班主任、心理辅导员、心理委员、宿舍心理护航员进行心理危机干预专题培训，提高他们辨别心理问题的能力。

（三）明确职责分工，实现医教结合

《精神卫生法》有助于明确各类人员在危机干预中的角色，如在对严重精神障碍大学生的危机干预中，心理咨询老师的职责是"发现"及"建议"，家长或其他监护人的责任是带学生去医疗机构接受专业诊断与治疗，院系相关人员则在此过程中提供协助。《精神卫生法》第二十三条规定："心理咨询员绝对不能进行精神障碍的诊断、治疗或者从事心理治疗。如果发现接受咨询人员有患精神障碍的可能，那么，必须建议接受咨询的人员去医疗机构就诊，机构必须符合本法规定。"大学生是精神障碍的高发群体，为了更好地预防以及应对此类群体，高校应加强与精神专科医院紧密合作，医院为学生开设绿色通道，在涉及心理危机学生的时候，保证学生能够得到及时的就诊；大学城周边应有专门门诊接待定期接受诊疗的在校大学生，一方面有利于个案出行时的人身安全；另一方面也能够督促个案定期就诊，便于学校相关部门了解个案的病情发展状况。

（四）建立督导制度，提升师资水平

高校心理咨询工作督导制度的建立是大学生心理危机干预的重要举措，也是咨询工作专业性、实践性和特殊性发展的必然要求。当个别心理咨询教师面临危机个案时，督导小组成员应集思广益，避免单个人应对危机个案时的无助感。心理咨询工作督导既能促进高校心理咨询教师的个人成长，也能提高心理咨询教师的业务水平以及危机处理的能力。同时，心理咨询工作督导可以促使心理咨询教师加强经验交流，推进心理健康教育工作队伍整体实力的提高。

在《精神卫生法》背景下开展高校心理危机干预工作，是一项复杂且艰巨的任务，需要社会、学校和家庭各界的共同参与，其目的不仅仅是解决一个个心理危机，更重要的是指导大学生更好地与自己、与他人、与社会相适应，悦纳自我，陶冶人格，预防心理危机事件的发生，最终全面促进大学生心理素质的提高。

第三章　校园心理危机的筛查和识别

第一节　危机干预中的预警机制建设

大学生心理危机预警系统是指借助一套科学的预警指标体系和危机评估模型，通过对收集到的预警信息进行分析和对照，及时发现和识别潜在的或现实的危机因素，并发出危机警报，立即启动危机应急预案，防止危机爆发，减少危机损失的一种心理危机管理系统。

一、大学生心理危机预警的主要内容

（一）心理危机预警对象

心理危机预警对象主要指大学生群体当中危机承受能力较低、危机事件发生概率较高以及正在遭遇危机事件的个体或群体。在实践工作当中，大致可以将预警对象归类为 8 类个体和 8 类群体。其中，8 类个体主要是指：

（1）长期情绪低落呈现焦虑、抑郁倾向者；

（2）有自残倾向或个人、家族有自残史者；

（3）因周围人群出现危机而受影响较大者；

（4）长期睡眠障碍者；

（5）具有明显攻击性，对自身及他人构成现实或潜在威胁者；

（6）人格缺陷或心理障碍者；

（7）因生理缺陷而出现行为或心理异常者；

（8）遭遇严重突发应激性事件或发展性危机而出现行为或心理异常者。

8 类群体则是指：

（1）新生；

（2）毕业生；

（3）贫困生；

（4）社会支持系统不良学生；

（5）延长学制学生；

（6）学业优秀生；

（7）失恋学生；

（8）其他特殊群体，常表现为自理能力差、自我封闭、依赖性强等。

（二）心理危机预警指标体系

大学生心理危机预警指标体系是预防因心理危机导致突发事件发生为目的而建立的有序总体，是心理危机预警系统的首要与关键部分，其由若干显示心理危机的具有科学性、代表性、系统性以及观测性指标分类组合而成，用以说明心理危机预警对象的整体特征。

（三）心理危机预警信息监测系统

心理危机预警信息监测系统由危机个体（学生）、学校、家庭和社会共同构成的一个整体预警模式，其建立目的是通过不同的信息渠道及时、真实地发现、了解与观测学生的心理状态，对于异常行为或心理状态者及早评估、干预与疏导，从而将大学生心理危机的发生消除在萌芽或前期状态中。大学生心理危机预警系统通过学校、家庭、社会的参与而构建起多层次立体心理危机预警体系。在该系统中，学校是主导，学生是中心，家庭是基础，社会是补充，四者相互配合、相互影响，通过全方位、多层次的预警体系畅通信息收集与沟通平台，实现有效预防危机事件发生的目的。

（四）心理危机预警信息评估系统

预警信息评估系统是预警指标体系有效运行的基础保障环节，具体内容有评估对象与内容、评估时期与时效、评估目标与原则、评估步骤与方法、评估队伍与保障措施等方面。作为危机预警信息反应中最重要的部分，心理危机预警信息的有效评估为明确具体制定危机干预对策提供基础性保障。

（五）心理危机干预系统

心理危机干预系统是指在心理学专业理论指导下对有心理危机的学生个体或群体进行的短期帮助行为，主要包括问题界定、目标设定、方案选择、人员分工以及绩效评估等几个方面。

对学生的心理危机干预工作在实践操作中应从以下六个方面着手：

（1）充分了解学生的心理状态；

（2）及时给予精神支持与抚慰；

（3）主动并善于倾听；

（4）给予宣泄机会与渠道；

（5）直接建议、劝告或禁止；

（6）充分利用与发挥社会支持系统的作用。

（六）社会支持系统

大学生心理危机干预机制主要包括两大系统：一是社会支持系统，二是心理干预系统。构建良好的社会支持系统，发展个体支持系统是危机干预工作的一条重要途径。社会支持一方面能直接影响心理健康水平，另一方面作为一种应对的资源，使个体更有可能采取积极应对的方式，从而间接地影响学生的心理健康水平。心理危机预警对象、预警指标体系、预警信息监测系统、预警信息评估系统、危机干预系统以及社会支持系统共同构成了大学生心理危机预警系统，这六者相互协作、相互影响、密不可分，使得大学生心理危机预警系统成为一个具有整体性、科学性、灵活性与实践性的有机整体。

二、大学生心理危机预警系统的构建

（一）健全心理危机预防机制

1. 立足课堂教学，提升学生心理调适能力

以课堂为载体，开展形式多样、内容丰富的选修课、专题讲座以及第二课堂学习，保证心理健康教育开展的系统性、全面性、科学性与时效性，在满足学生对心理健康知识需求的同时，提升学生心理调适能力（如朋辈心理辅导等），实现学生心理的自我调适与自我完善。

2. 开展"三生"教育，引导学生人生价值导向

积极开展以生命、生存和生活教育为主题的"三生"教育，着眼于学生的健康成长、成人与成才，帮助学生认识生命的价值与意义，学会尊重与感恩，树立正确的生命观、生存观与生活观，通过对学生人生观、价值观的正确引导，推动学生的身心健康与发展。

3. 畅通多种渠道，改善学生社会心理环境

通过网络平台、校报校刊等多种渠道与形式，广泛进行心理健康知识与心理危机预防的宣传。借助"5·25心理健康日""10·10世界卫生日"等契机，开展丰富多彩的校园活动与社会实践。注重整合校内外各种资源，训练学生利用社会支持的意识，在危机事件发生时主动、及时、有效地寻求援助，形成"三全"育人模式，合力改善学生的社会心理环境，预防和减少大学生心理危机的产生。

（二）建立心理危机预警对象档案

1. 以新生心理普查为基础，建立心理档案

借助学校每年对入学新生开展的心理普查测评结果，有效地筛选问题学生、高危人群、人格缺陷及心理障碍者，通过评估与分类确定危机学生，对心理危机预警对象给予关注并建立大学生心理档案，便于追踪与了解学生的心理动态，从而实现学生管理的专业化与精细化。

2. 以信息监测系统为渠道，补充档案信息

通过学校、家庭以及社会共同组成的心理危机心理监测系统，全方位、多渠道地收集

心理危机预警对象信息，通过对有效信息的筛选与整理，进一步扩充学生心理档案信息，有利于有效观测与掌握学生的心理动态，进而及时做好心理危机的预防与疏导工作。

3.以心理咨询服务为载体，完善档案管理

通过谈心谈话、团体心理辅导以及朋辈心理辅导等多种形式积极开展心理咨询服务，在提高学生心理咨询意识的同时，借助心理咨询服务这一载体，有针对性、深层次地掌握学生心理动态与行为趋向，并结合具体情况进行分级管理，完善学生心理档案管理体系，制定相应的心理危机干预对策，防止心理问题进一步恶化，有效地控制心理危机事件的发生。

（三）确立心理危机预警评定指标

预警指标是心理危机预警体系的最重要的组成部分，所有心理危机的预警都要根据预警指标开展。目前，对于心理危机预警指标的确立与评定大多为描述性观点，尚未形成统一的标准，这极大地限制了实践过程中预警工作的开展。在参考资料与文献的基础上，借鉴宝贵经验并结合实际工作所遇到的问题，采用以应激源指标、应激反应指标、危机易感因素指标三部分所确定的心理危机预警指标体系，具体如表3-1所示。

表3-1　心理危机预警评定指标体系

大学生心理危机预警指标体系			
应激源指标			学习压力
			人际交往
			异性关系
			家庭状况
			经济状况
			重大突发事件
应激反应			认知反应
			情绪反应
			意志反映
			生理反应
			行为反应
危机易感因素指标		个体背景	所在年级
			学习成绩自评
			家庭结构
			本人健康状况
		个体特征	人格
			应对方式
			社会支持
			归因方式

（四）畅通心理危机预警信息渠道

快速、全面与实际的心理危机预警信息系统有利于在大学生心理危机突发时，果断采取有效措施帮助学生摆脱痛苦，渡过危机。畅通心理危机预警信息渠道应包括以下几个方面。

1.建立预警信息分级反馈体系

建立"宿舍—班级—院系—学校"四级心理危机反馈体系，充分利用与发挥宿舍成员、心理信息员、学生干部、辅导员、任课老师、校心理咨询中心以及学校心理健康教育工作领导小组的作用，实施大学生心理危机预警学院、学校分级报告制度，保证信息的顺畅流通，进而提高心理危机预警的广泛性与实效性。

2.利用网络平台收集预警信息

在实践中，危机信息通过网络在学生心理危机酝酿、发酵的过程中以各种形式进行传播，一旦爆发则会出现辐射范围广、影响力大的严重后果。但"网络的双向互动传播为危机的预控提供了良好的机会"，我们可以充分利用网络媒体这一平台与载体，对大学生心理危机信息进行收集与监控，并根据危机信息的传播方式，及时采取相应措施，以更好的时机和更灵活的方式处理危机。

3.借助社会支持系统传递信息

大学生的社会支持系统是由同学、老师、家长、学校等社会关系组成的，高校应在分析个体所拥有的支持性资源的基础上，通过教学渗透、管理服务、班主任工作、校园文化生活等途径，整合校内外各种资源，在优化校园心理环境的同时充分借助社会支持系统传递信息，真正形成"三全育人"的心理健康教育工作模式，时时、事事、处处在心理上支持和激励学生，使大学生心理问题的恶化得到有效预防，大学生心理危机事件得到真正遏制。

（五）完善心理危机干预运行机制

作为大学生心理危机预警系统工作的重中之重，心理危机干预运行机制是心理危机预警指标体系有效运行的基础保障环节，直接决定心理危机预警系统作用发挥得成败成功与否。笔者认为，完善心理危机干预运行机制至少应包括以下几方面内容。

1.建立心理危机干预体系

完整而系统的学校心理危机干预体系应包括危机发生前的预防与准备、危机发生后的心理危机处理以及心理危机干预的有效性评估三个方面。其中，危机发生前的预防与准备工作可从普及性、目的性以及针对性三个方面着手进行；危机发生后的心理危机处理过程中首先确保学生的基本生理需要，其次在心理干预开始前对学生的心理创伤程度进行评估，最后根据评估结果进行分层干预；心理危机干预后还应定期对干预效果进行评估以保障干预的有效性。

2.建设心理危机干预团队

建设学校的心理危机干预团队，不仅要包括兼具专业知识与多元背景的人员组成的学校内部心理危机干预团队，还应充分利用外部资源的协作与整合，建立跨学校、跨区域的心理干预联动机制，争取更广泛的合作与支持。与此同时，在人员组织完备的基础上，还应不断加强心理危机干预的队伍建设，强化队伍的培养与培训，提升心理干预团队的理论水平与专业技能。

3.防范心理危机干预风险

建立、健全高校学生危机事件应急处理规范制度，明确危机干预相关部门和人员的具体工作要求和职责。对学校各相关部门或人员因违法、违规行为或懈怠没有履行管理职责而导致高校必须承担法律责任的，应有相应明确的问责机制。在开展危机干预与危机事故处理过程中，不仅应做好资料的收集与证据保留工作，而且应建立完善风险防范的合作与责任分担机制，保证心理危机干预的顺利有效进行。

三、典型案例分析

高等教育大众化给大学生既带来了机遇，也带来了挑战。近年来，大学生心理危机及自伤、伤人事件经常见诸报端，这些恶性事件给家庭、学校和社会都造成了巨大的影响和损失。但是，心理危机事件的预防依赖于危机预警而成功干预，因此，探索一套行之有效的大学生心理危机预警机制是为大学生心理健康保驾护航的最直接方法。目前，学界关于预警机制的研究主要集中在预警对象甄别、预警指标体系构建、处理危机流程等方面。

（一）个案分析

1.案例基本情况

期末考试复习期间，辅导员发现张某在她的QQ空间里连续更新三条大段留言，涉及"求生不得、求死不能"，并反复诉说活着没意思、备考痛苦、上大学是一个错误等信息。因为该生性格比较敏感多疑、人际关系紧张，辅导员已经给予密切关注。家庭方面，该生家庭关系不和睦，父亲脾气暴躁，有时候殴打母亲，严重的时候还伤害过母亲。教育方面，父亲对她的教育方式比较简单粗暴，经常打骂该生。学业方面，该生高考成绩优秀，但是进入大学后由于不适应大学学习方式，对课程内容不感兴趣，学习没有动力，成绩较差，挂科门数已达四门。经询问，发现该生除了心理上出现焦虑外，生理上也伴随着胸闷、心跳加速、头面部经常发麻等症状。

2.案例性质

该案例综合定性为学业压力过大导致重度焦虑，诱因主要集中在以下三个方面。

首先，学业压力过大导致该生长期处于焦虑的情绪中。该生父亲从小对其学习要求严格，但该生对专业课内容不感兴趣，学习内在动力不强，成绩较差，挂科门数已达四门。面临期末考试，学业压力大，情绪不能及时疏导，导致出现逃避行为，以至于在网络上宣泄具有极端倾向的话语。

其次，家庭关系对该生行为模式造成一定影响。该生家庭关系紧张，父亲性格暴躁，有家庭暴力倾向，殴打该生和母亲，母亲脾气比较坏，家庭氛围比较紧张。长期不良的家庭关系导致该生的行为模式出现了暴躁、爱抱怨、遇事逃避等特点。

最后，人际关系紧张加重了心理焦虑。该生性格内向，敏感多疑，在人际交往中不积极主动，朋友不多，时常感觉孤独、无助。

（二）处理流程及干预方法

1.处理流程

首先，把学生纳入心理危机二级预警库及监控状态。辅导员浏览该生的 QQ 空间从而掌握更多的学生状况，研判情况，上报学院领导，填写心理危机二级预警库上报大学生心理健康教育与指导中心。

其次，辅导员介入谈话，在谈话中得知该学生最近情绪波动较大的原因是考试压力大，她目前挂科门次较多，在考试来临前担心再次挂科，从而影响取得学位证，导致焦虑加重，失眠、胸闷、情绪波动大。鉴于此种情况，辅导员在鼓励该学生的同时，安排同宿舍其他学生对该学生进行密切关注。

再次，安排专业老师对学生进行心理辅导，综合该学生情况，专业老师给出初步判断，定性为是因学业压力导致重度焦虑，并伴随心因性疾病。依据判断，对该学生进行了跟进辅导。

最后，建立社会支持系统，进行早期心理干预、及时疏导解决问题。辅导员安排同宿舍同学给予更多的关注，并引导该学生主动和家人沟通交流，取得家人的理解。同时，请专业老师、同学对其进行学业帮扶。另外，和该学生父亲取得联系，有针对性地开展家校互动，完善社会支持系统。

2.干预方法

（1）合理情绪疗法

20 世纪 50 年代，埃利斯创立了合理情绪治疗 ABC 理论，改变了以往认知方式，即人们通常认为是诱发事件（activating）导致了不良情绪及行为结果（consequence），而实际情况是人们忽略了对诱发事件的认知和信念（beliefs）。ABC 理论认为，对诱发事件的看法才是引发不良情绪和行为的原因。通过分析该学生的问题，我们认为，该学生在认知方面存在一些误区。最开始的私自搬离宿舍，该学生认为是宿舍人对她有意冷淡，可是经过了解并没有这种情况。后来在 QQ 上宣泄极端言论，认为考试挂科是老师在故意为难她等。针对这个问题，我们采用合理情绪疗法，找出该学生的一些不合理、非理性的理念。如她认为成绩一定要向他父亲所要求的那样名列前茅，同时帮助她纠正不良信念，调整心态，鼓励她参加力所能及的活动，并感受其中的乐趣。

（2）放松疗法

放松疗法适应范围很广泛，常与系统脱敏疗法结合使用，也可单独应用。该方法的原理是：心理学家认为个体的情感体验包含"情绪"与"躯体"两部分，两部分相互影响，如果改变"躯体"的反应，"情绪"也相应改变。目前，放松训练大致分为五类，即渐进性肌肉放松、自然训练、催眠、静默或冥想、生物反馈辅助下的放松等，相对应的较常见的放松疗法则有肌肉放松法、自然训练中的呼吸放松法和运动疗法、自我催眠、想象放松法及音乐疗法。该案例中的陈某在考试期间经常处于精神紧张的状态，较常出现失眠症状。为了缓解她的情绪紧张，一方面给该学生进行放松训练指导，并要求她自己在宿舍多加练习；另一方面，鼓励她通过运动缓解内心的压力与焦虑。

（三）案例启示

该案例的成功处理得益于对学生心理健康信息的准确把握和及时传递与正确处理。从这则案例中可以得知，心理健康教育及危机预防工作与完善系统的心理危机预警机制密切相关。大学生心理危机预警机制通常是指通过对具有预警特征的大学生信息进行搜集，专业人员进行分析和评估，及时发现和识别他们隐性的或显性的心理危机指标因素，同时发出危机警报，采取相应的防范措施，以降低意外事件发生概率的一种心理危机预警管理机制。通常应包括特定预警时期、预警指标体系、预警对象、预警信息收集、预警信息评估等几个部分。大学生心理危机预警不仅仅是要在危机出现之时进行干预，更重要的是要通过各种方法，做到早摸底、早发现、早介入、早评估、早教育、早预警、早干预，做到防患于未然，教育为主，预防在先。

1.建立"四位一体"反馈机制

大学生心理危机预警机制是复杂系统的长效机制，其中，完善顺畅的反馈机制是保证高校心理危机预警机制顺利运行的基本前提。

首先，学校成立心理健康领导小组，下设心理健康教育中心，负责大学生的心理健康工作。

其次，各个院系成立心理健康教育工作站，负责预警、上报及早期干预工作。工作站由学院党政一把手及相关领导、辅导员、班主任（研究生导师）等人员组成。同时配备1~2名具备心理健康教育资质的辅导员专门负责开展本学院心理健康教育的各项工作。

最后，强化班级心理委员、宿舍心理信息员培训，打通心理危机预警中反馈机制的最后一个环节。"学校—院系—班级—宿舍"四位一体的反馈机制，体系完备、分工明确，机制顺畅、责任到人，提高了大学生心理危机预警机制的效率。

2.整合资源，全方位构建大学生心理危机预警信息网络

大学生心理危机预警信息网络是构建危机预警机制的重要组成部分，健全的信息网络能保证做到早摸底、早发现，是危机干预的最前站，信息搜集不到位往往会给心理健康工作造成很大的被动局面。因此，搭建一个全方位的预警信息网络是开展心理危机预警的必要条件。建立具有适用性、针对性、科学性的信息网络，就需要整合资源，将现有的资源按照一定的方式组织起来，构成一个系统的、完善的、高效的、有针对性的信息网络体系。通过这个体系，可以及时获得有关学生心理状况的信息，并对信息进行迅速处理和分析，以便在必要时能够做出有效的反应。

发挥传统工作优势，建立心理危机预警信息网络。目前，高校建立心理危机预警信息网络，主要有以下三个方面。

第一，建立大学生心理健康档案制度，发挥心理健康档案的预警功能。学院应建立大学生动态心理健康档案，发挥其预警功能。一方面根据新生心理健康测评结果，建立大学生心理健康基本档案；另一方面通过定期的心理健康普查和谈心，完善动态数据库。针对不同专业、不同年级，根据学生特点，除了解学生的基本学习信息外，还要客观地记录学生的思想动态、心理变化和行为特征。通过对所收集的信息进行深入分析、追踪研究，及早发现预警信号，并反馈警示信息，提供相应的控制对策，以便做到心理问题早发现、早干预，防患于未然，提高心理危机预警工作的科学性和针对性。

第二，建立心理健康周汇报制度，发挥学生干部、党员的能动性。学生干部和学生党员是高校开展学生工作的生力军，也是心理危机预警信息网络构建的中坚力量。为了更好地发挥他们的能动性，可以从以下三个方面入手。

首先，在全体学生干部和学生党员中发起"联点宿舍、联点班级"活动，要求他们每周走访联点宿舍，坚持每周心理健康汇报制度。在这则案例中，宿舍心理信息员、班级心理委员和联点宿舍党员都发挥了重要的作用。他们将第一时间把搜集的信息上报给院系辅导员，给学院处理这类情况赢得了宝贵的时间。

其次，各班还应建立"班级动态本周报制度"。由学生干部记录本班学生思想动态，每周上交各自辅导员处，辅导员认真批阅班级动态本，搜集相关信息，并对反馈情况跟进了解。

最后，学院心理健康教育工作站要求班级心理委员随时掌握全班同学的心理状况，对班上同学的心理状况至少一周向辅导员汇报一次，发现同学有明显心理异常情况要及时向辅导员汇报，并填写《班级学生心理健康状况报表》上报学院工作站。通过制度层面的要求，充分发挥学生干部、学生党员的能动性，扩大学校危机预警信息网络的覆盖面。

第三，构建四级心理预警信息网络体系，保障信息上传下达。充分利用心理危机预警组织机制，以现有工作为依托，安排适当人员构建起一支可以彼此互通信息，保证信息反馈准确及时的四级心理预警信息网络。宿舍是基层网络，班级是初级网络，学院是中级网络，学校是高级网络。从最基层的网络抓起，自下而上，形成贯通的信息链，保证信息传递通畅。在这四个网络里面，宿舍心理信息员担任着最基层的工作。宿舍是学院学生管理中最小的单元，也是高校心理危机预警工作较难深入的地方。宿舍心理信息员负责了解本宿舍学生的基本情况，了解情况后可以跨过班级直接和院系辅导员联系，也可以和班级心理委员沟通。班级设立两名心理委员，通过密切接触，把握学生学习、生活、工作和思想等方面的情况，并及时发现异常状况。院系在这个网络里面负责全面把握学生思想、心理状况，根据宿舍、班级等信息网络渠道搜集到的信息进行分析、追踪，对于预警学生提早介入，并及时上报学校，和学校心理健康教育与指导中心沟通，进行专业的指导。

发挥新媒体优势，拓展心理危机预警信息网络空间。

随着科技的飞速发展，以互联网为平台，以数字技术为支撑，以手机、搜索引擎、贴吧、微博、QQ、微信等众多交流软件为传播载体的新媒体已经广泛深入我们的日常生活、工作中。新媒体不断丰富和创新高校心理健康教育工作的方式和手段，为学生心理健康教育和预警工作提供了新的环境和机遇。

提升辅导员专业素质，提高网络预警信息搜集、鉴别能力。

2013年8月，教育部联合国家互联网信息办公室下发了《关于进一步加强高等学校网络建设和管理工作的意见》，对高校网络文化建设提出了新的要求，并要求高校从事相关工作的人员增强职业素养。2014年3月，教育部颁布的《高等学校辅导员职业能力标准（暂行）》对辅导员网络思政教育方面的能力提出了更加明确的标准，要求辅导员及时把握学生运用新的信息技术的趋势，能够熟练地使用博客、微博及微信等一系列新媒体技术，发布相关内容，并及时准确研判、引导网络舆情。这对院系从事心理健康工作的一线辅导员来说，提出了新的要求，需具备以下三个特征。

一是具有优秀的人格魅力。辅导员在学生中的影响力不仅仅是靠严厉的管理手段，对于大学生来说，更侧重于辅导员自身的素养和人格魅力。辅导员的QQ、博客、微信等交流工具是辅导员的名片。在网络上与学生交流中要重视礼仪素养，不在午休、用餐、上课、深夜等特殊时间段与学生谈话聊天，网络语言贴合学生习惯的同时要保证做到网络形象与现实身份一致。

二是养成敏锐的觉察力。高校的辅导员所管理的学生少则两三百人，多则四五百人，了解学生信息，除了谈心聊天、向学生干部了解情况外，辅导员还需要养成浏览学生QQ空间、微信、微博等习惯，积极关注学生，这是大数据时代收集一手资料更加便捷、及时的方法。因此，辅导员要学会在海量的信息中发掘预警点，觉察他们的情绪波动，关注学生的网络留言、心情或文字，了解学生所思所想，给予正向引导，一旦发现异常，就要立即追踪、跟进。

三是具备准确的信息分析力。言为心声，学生在网络上发表的一些内容大致反映出学生的思想、心理等状况，但不排除一些无病呻吟、虚张声势的情况。辅导员不仅要在大量的网络信息中发现各种对工作有价值的线索，而且要具备抽丝剥茧的本领，能够通过表面现象分析信息的真伪，在工作中做到目标准确、有的放矢，提高心理预警的精准度。

借助新媒体平台，搭建危机预警信息网络。

21世纪是当之无愧的"新媒体时代"。在新媒体时代，高校是中国社会"网络化"的发展最前沿，受众多、接受快、影响深。目前，网络已经深入大学生学习和生活的各个领域，为大学生沟通联络、获取信息以及休闲娱乐提供了重要平台。

新媒体时代的信息化、高效化也给高校的学生心理健康工作提供了新颖、丰富、便捷的信息传播渠道，扩大了学生心理健康工作的空间和覆盖面，增强了心理健康教育的预警功能。例如，在信息搜集方面，常规的信息渠道过于直接，学生有时候难以把真实感受表达出来，而新媒体的平等性和隐蔽性加强了学生对老师的信任，避免师生当面交流因心理戒备造成的情感尴尬。学生可以用匿名的形式与辅导员老师交流，降低了心理顾虑，学生更为真实地展现个人的内心世界和所思所想，真正实现畅所欲言。

另外，建立年级 QQ 群、飞信群、微信关注等形式，相关老师可以通过 QQ 空间内容、微信内容图片、微博文字等关注学生状态，及时把握其心理动态，并通过留言方式与学生进行互动，一方面起到预警作用，另一方面及早干预。再者，宿舍信息员、联点党员、班级心理委员等都可以通过新媒体平台进行预警信息搜集，建立网络预警渠道。

3.建立动态危机预警库，坚持定期上报制度

为了更加全面地掌握预警对象的动态发展过程，建立动态危机预警库是一个必要、高效的途径。以河南科技学院为例，学校出台《大学生心理危机干预实施办法》，其中明确规定了三级、二级、一级预警库预警对象的划分标准，并要求学院心理健康工作站根据搜集到的信息对全院学生心理健康状况进行梳理分析，纳入三级预警库。学院心理健康工作站的心理辅导员根据《学生心理危机排查报告制度》（附录 2），每月填写一次《学生心理危机排查报告》交到学生处大学生心理健康教育与指导中心。针对二级预警库的预警对象，学院每周向中心提交一次《学生心理健康状况汇总表》和《学生心理危机预警登记表》（附录 1）。如发现有学生心理问题迅速恶化或新发现有严重心理问题的学生以及一级预警库的对象学生，学院在 24 小时内向中心报告《危机警戒学生报表》，同时每天报告干预情况。

第二节　心理危机干预预警的评估工具选择和介绍

一、高校对大学生心理危机测量的现状

心理危机测量对于大学生心理危机干预起着举足轻重的作用，由于国内没有专门针对大学生心理危机的测量工具，所以高校工作人员在大学生心理危机干预及测量工作中基本上是采用其他的测量工具。

我国大多数高校的心理工作者将 UPI 和 SCL-90 结合使用，进行大学新生心理健康状况调查即大学新生心理普查，建立学生心理健康档案的同时，筛选出需要重点关注的大学生。就学校而言，根据 UPI 筛选为阳性的学生还需要进一步访谈，访谈至少需要一个月来进行。所以有的学校在采用 UPI 筛选出阳性学生后，并没有对阳性学生安排逐个访谈来确定是否需要重点关注，将 UPI 与 SCL-90 结合使用加大了工作人员工作量，让心理测查变得重复（林静，2007）。

症状自评量表在大学生心理危机筛查、预干预中普及率较高，是使用率最高的工具之

一，不少高校也广泛地单独采用症状自评量表 SCL-90 在新生入学时进行新生心理测评来筛查大学生心理危机。由于 SCL-90 题量较多，能测查较多的心理症状，但 SCL-90 也存在假阳性率高的问题，笔者在工作中也常发现 SCL-90 得分较高的学生并不存在任何心理异常。同时，假阴性率也较高，即在 SCL-90 测试中未达到临界值筛选的学生在后续的其他检查中却被确诊为心理异常。

另外，SCL-90 更多的功能是评估大学生心理健康状况，是否能够较为准确地反映其危机程度，尚未得到证实（胡燕，2012；郑涵予，2016；吴波 & 黄希庭，2013）。国内部分高校在校大学生心理健康筛查时单独使用 UPI，UPI 是调查大学生精神健康，了解学生神经症、精神症状、精神分裂症以及学生其他各种烦恼、迷惘、不满、冲突等状况的简易问卷（刘佰桥，2008；刘佰桥，2009）。UPI 主要是筛出有潜在心理卫生问题的学生，对于自杀意念的筛选假阳性率高，对于筛选出来的人员还要进行后续的约谈来甄别是否真的是高危人群，从而真正筛选出真正的高危人群（李娜，张浩，王芳，2012）。

二、关于测量工具

在初步建立大学生心理危机的理论构想之后，通过参考邱皓政编写的《量化研究与统计分析》中的量表编制的程序与步骤，根据量表编制的基本流程，经过前期的文献梳理与准备厘清基本构想，明确测量目的、内容、对象，拟定编制计划，通过开放式问卷、个别访谈等编写初始项目题库，再经过预试阶段通过项目分析删除不良题目，经过专家指导再增加题项和修改题项，重新编拟，再次施测进行项目分析，剔除不良题项，再经过因素分析以及正式施测验证性因素分析，最后确定了由躯体不适、生理缺陷、焦虑、抑郁、自杀意念、精神病性、攻击冲动性、社会支持、心理缺陷 10 个分量表构成的大学生心理危机筛查问卷（附录 3）。最后形成了包含 94 个题项（含 4 个说谎题）的大学生心理危机筛查问卷，再次经过信度分析，信度较好，验证性因素分析，各模型拟合指数良好。

从各分量表和问卷的信度来看，本问卷用两对意思相反的问题作为说谎题来鉴别被试者是否认真答题，再根据部分反向计分题考察被试者是否自己真实作答，并以被试者在这 4 个说谎题即两对说谎题相同作答作为剔除废卷的标准，采用说谎题使得大学生心理危机筛查问卷的信度更高。总量表的正式施测的问卷内部一致性信度为 0.966，折半信度为 0.922，且各分量表的信度系数都大于 0.7，躯体不适分量表 0.806，生理缺陷分量表 0.762，焦虑分量表 0.856，抑郁分量表 0.866，自杀意念分量表 0.803，精神病性分量表 0.827，攻击冲动性分量表 0.815，社会支持分量表 0.704，应激性事件分量表 0.831，心理缺陷分量表 0.835 都达到较好的接受水平。说明本研究所编制的大学生心理危机筛查问卷，所架构的结构模型是较为可靠稳定的，且该问卷的题项和分量表基本能涵盖大学生心理危机发生的各个方面的因素，既包含了保护性因素又包含了危险因素、应激、攻击冲动性，比较有代表性，可以更为全面地筛查大学生的心理危机。有效度分析方面对探索性因素分析所抽取的因子进行相关分析、验证性因素分析、校标效度分析，对预测数据和正式施测数据进行相关分析，说明各分量表的各维度之间、各分量表之间、各分量表与总分之间的相关均达到显著性水平；验证性因素分析考察各个模型的拟合指数达到一定标准，也验证了大学生心理危机筛查问卷结构效度合理；将整个问卷与 UPI 作校标关联效度，总分与 UPI 的相关系数为 0.859，且达到 0.01 水平显著，其中躯体不适分量表与 UPI 的相关系数为 0.632，生理缺陷分量表与 UPI 的相关系数为 0.683，焦虑分量表与 UPI 的相关系数为 0.798，抑郁分量表与 UPI 的相关系数为 0.789，自杀意念分量表与 UPI 的相关系数为 0.714，精神病性分量表与 UPI 的相关系数为 0.781，攻击冲动性分量表与 UPI 的相关系数为 0.583，社会支持分量表与 UPI 的相关系数为 0.017，应激性事件分量表与 UPI 的相关系数为 0.748，心理缺陷分量表与 UPI 的相关系数为 0.763，除社会支持由于此处采用的是反向计分，因此可能相关系数较低且未达到显著水平，而其他各分量表与 UPI 的相关均在 0.5 以上且均在 0.01 水平达到显著性相关；此外，大学生心理危机筛查问卷能够很好地将有心理卫生问题和没有心理卫生问题的群体有效地分开，这些均说明大学生心理危机筛查问卷具有较好的校标关联效度。效度分析说明大学生心理危机筛查问卷具有较好的效度，问卷结构基本合理。

综上所述，大学生心理危机筛查问卷的信、效度良好，适合对大学生心理危机进行测量与筛查，可用于大学生心理危机筛查建立学生档案，为大学生心理危机干预和预防提供实证干预方向等。

第三节　心理危机干预中的评估结果的保密和应用

随着社会管理制度与法律规范的日臻完善，国家各个体系均在规范化运作，高校的教育管理工作也日渐规范化、制度化。近年来，大学生隐私权与高校知情权、管理权之间的矛盾越来越突出。一方面，作为成年被教育者，高校大学生的自我意识和权利意识日益强烈；另一方面，高校大学生作为即将步入社会的人群，了解并引导其心理状况的良性健康发展态势是高校教育管理工作必不可少的内容。

一、心理危机干预中涉及的隐私权保护

（一）隐私权的广泛定义

"隐私权"这一概念由美国学者于 1890 年提出，最初的含义是每个人均应享有不受他人干涉搅扰的权利，后来经过各国学者的不断发展完善，但是由于"隐私"一词的模糊性，"隐私权"也很难在全球范围内形成统一定义，是一个较为模糊的概念。隐私权散见

于我国法律，未形成系统，而我国普遍接受的隐私权是指个人私事有不为他人知悉，并禁止他人干涉的权利。权利主体可以在遵循法律规定的前提下，自愿选择向他人公开个人隐私，如情感现状、心理秘密、财产情况等。当个人隐私权受到侵犯时，可获取司法保护并追究侵权者法律责任的权利。

（二）大学生隐私权保护的独特性

大学生隐私权虽然具备了一般隐私权的绝对排他性和排除非法侵害性，但是它也有其鲜明的特征。

首先，大学生隐私权的内涵要窄于一般隐私权。权利与义务统一于法律主体是法律基本原则之一，这意味着法律主体差异会导致相应的权利和义务范围的差异，社会对于大学生这一特定的人群有特定的要求，比如，大学生需要履行其被教育的义务，因此，大学生的隐私权在一定程度上被限制。

其次，大学生隐私权与高校知情权是相互冲突的，一方面，大学生隐私权保护着大学生最大限度地不公开个人信息及个人生活状况的权利；另一方面，高校知情权要求大学生向高校披露其个人信息或个人生活状况，以便于教育管理工作的开展。由此便引出大学生心理危机干预中一个必须解决的问题：如何做到大学生隐私权与高校知情权和管理权之间的统一。

（三）隐私权保护对于心理危机干预的重要性

第一，当前高校教育管理体制存在一定缺陷，一些习惯性的管理条例客观上已经侵犯了大学生的隐私权，高校改善内部管理体制要求加强对大学生隐私权的保护力度，以求用更科学的方式开展学生教育管理工作。要提高管理工作的科学性，首先要发现过去教育管理过程中出现的弊病，结合当前形势加以改正。以往高校的管理模式中，一些习惯性做法，如公开成绩评定奖学金、通报处分违纪学生、搜查学生宿舍等，都在一定程度上侵犯了学生的隐私权。事实证明，此类管理方式并不能取得显著的成效，只是维持了高校日常工作，无法帮助高校实现创优争优。因此，保护大学生隐私权，重视大学生人权是高校打破传统观念，改善教育管理体制的内在要求。

第二，高校大学生的权利意识和自我意识随着社会发展而不断增强，保护大学生的隐私权便随之成为高校顺利开展教育管理的客观要求。现代大学生对知识的涉猎领域不断扩展，在教育客体发生内在变化的情况下，高校作为教育主体，只有在保护大学生隐私权，维护其合法权益的前提下，才能使学生获取到平等感和被尊重感，从而配合高校教育管理。

第三，有效的隐私权保护是高校大学生主动接受心理危机干预的前提条件。当前高校大学生对于心理咨询存在严重的抵触心理，这一方面是由于高校大学生对于心理咨询存在偏见，对于心理危机的认知比较狭隘，认为接受心理咨询就等同于承认自己心理疾病，而一般提到心理疾病，大学生就会很自然地联想到"心理变态""心理阴暗""自闭症"等，自然对心理咨询产生抗拒心理；另一方面，由于当前大多数高校的心理咨询导师并非专业的心理咨询医师，有些不具备专业医师的职业操守，无法保证不泄露学生的个人隐私，学生从心理上就不信任心理咨询导师。因此，隐私权保护是高校大学生主动接受心理危机干预的前提条件，也是高校开展有效的心理危机干预的保障。

第四，保护大学生隐私权有利于实现学生与学生间自由平等相处，有助于构建学生与高校之间的信任和谐关系，可有效预防大学生心理危机的产生。大学生心理危机常见于学生和学生的相处过程中，保护大学生隐私权，让学生自己有选择地向周围人披露个人信息，是大学生自由平等相处的基础。大学生隐私权涉及个人家境、成绩水平等，虽然大学生是思想开化的群体，但是仍然有不少大学生习惯以家境划分群体，且家境差的学生群体可能会受到家境优越的学生的歧视。这里所说的家境不仅是指家庭经济状况，也涵盖是否为单亲家庭等情况。近期，网上经常流传出高校校园暴力视频，部分视频中体现出施暴者通过欺负家境差的同学以获得低端乐趣。这些案例表明，保护大学生隐私权对于实现学生群体之间自由平等的相处也具有重要的现实意义。

二、基于大学生隐私权保护的有效心理危机干预

（一）将大学生隐私权与高校知情权统一于学生管理工作中

高校要想将大学生隐私权保护与心理危机干预统一于教育管理工作中，首先必须解决的问题就是大学生隐私权与高校知情权之间的协调问题。隐私权从属于人权，然而隐私权的具体内容并未在法律中做出明确规定，研究隐私权定义时提及隐私权可被个人规定和划分，即大学生可选择公布自己的某些个人信息和个人情况，高校可从这一层面寻求大学生隐私权与高校知情权和谐统一的方法。高校知情权是指高校为了实现对大学生的教育管理有权获取学生的基本信息，如家庭住址、联系方式、家境状况等。高校应引导大学生从自身受教育的利益出发，自觉披露其基本个人信息，而高校管理者在今后的教育管理工作中也应加强学生个人信息保护，杜绝泄露学生个人信息的情况发生。

（二）配备专业化科学化的心理危机干预队伍

高校要进行有效的心理危机干预，建立一支专业的心理咨询医师队伍是基础。心理咨询医师是心理危机干预过程中最直接的施力者，对存在心理问题的学生有最直接的引导作用。专业的心理咨询医师可以从高校原有的思想政治教育导师中选择并进行培训，但须吸取以往经验，确保培训效果，确保心理咨询导师具备最基本的医德——保护学生的隐私权，不向他人透露学生的心理状况。此外，建议高校外聘专业的心理咨询师，这不仅可以定期对校内导师进行培训及考核，在遇到重大心理危机时还可以提供专业意见与指导，提高心理危机干预的科学性和实效性。高校还应开设单独的心理咨询室，确保心理咨询过程中的内容不为第三方所知。

（三）建立大学生心理危机预警及有效干预体系

有效的心理危机干预应以事前预防性干预和事中治疗性干预为主，以事后补救性干预为辅，三者有机结合起来，建立完备的预警机制。

首先，心理危机严重者建档备案。在新生刚入学时，进行心理健康普查，并结合班级同学、班主任及辅导员的日常观察，筛选出心理危机严重或者存在诱发严重心理危机因素的学生，建立个人档案并保证档案不对外公开，并对其实施监控，及早发现问题，及时采取干预措施以杜绝事情的恶性发展。

其次，特殊时期的健康心理宣传。在高校大学生容易产生心理压力的各个阶段，适时进行健康的心理教育宣传，进行及时的疏导调节，帮助大学生排解压力，预防产生心理问题。

第四章 特定心理危机的处理

第一节 创伤后应激障碍

创伤后应激障碍也称 PTSD，指受到超长的威胁、灾难性的创伤事件，而导致延迟出现和长期持续的身心障碍。经历异乎寻常的创伤性事件是 PTSD 发生的必要条件。PTSD 的创伤性事件具备以下特点：创伤性事件必须具备足够的强度；创伤性事件常为突发的严重威胁性的事件；创伤性事件引发了个体内心强烈的主观体验，即创伤性体验。

一、与大学生有关的创伤性问题

（一）什么是创伤后应激障碍

根据《中国精神障碍分类与诊断标准》对创伤后应激障碍（Post-traumatic StressDis-order，PTSD）的定义，是指突发性、威胁性或灾难性生活事件，导致个体延迟出现和长期持续存在的精神或心理障碍，其特征是反复重现创伤性事件，努力回避与创伤相关的刺激和情感麻木，高度警觉的症状。PTSD 由创伤性事件所致，包括自然灾害（如地震、洪水等）和人为灾难（如暴力、坠楼事件等），患者多为创伤性事件的幸存者、目击者、事件当事人的亲人和救援人员。

（二）大学生创伤性事件应激源

对于大学生来说，人为灾难比自然灾害的发生更具频发性。校园和家庭是大学生生活的主要环境，校园事件和家庭事故往往是大学生创伤后应激障碍的来源。显性的校园创伤性事件包括坠楼事件、暴力事件、舞弊事件等急性、突发性的事件，会给大学生带来极大的心理冲击，个体应对能力不当或处理方式不当，往往容易导致创伤后的应激障碍。隐性的校园压力性事件包括学习压力、就业压力、学费压力、情感危机等慢性、持续性压力，这些压力性事件虽然不会对大学生造成巨大的心理冲击，但如果大学生持续性生活在上述压力性事件中，会给大学生造成极大的心理负担，如果不能得到及时有效的宣泄，一旦超过大学生的承受能力，便会引发自伤和他伤行为，成为显性校园创伤性事件的创造者和经历者。有人对大学生自残意念产生的原因进行分析，结果发现，导致大学生产生自残意念的因素依次为学业压力、精神病性、家庭矛盾、人际沟通、情绪抑郁、恋爱婚姻、经济困难等。家始终是最温馨的港湾，任何家庭事故（亲人的变故、家庭的解体等）都可能成为创伤后应激障碍的应激源。

（三）创伤后应激障碍对大学生的影响

相对于其他场所而言，学校是人口较为密集的场所，发生在校园内的应激源往往比其他场所的具有更大的杀伤力和波及面。就大学生而言，创伤后应激对大学生的影响是广泛而深远的。从心理状态方面来说，影响个体的生活学习状态，易产生人际冲突，或是过分封闭自我，产生逃学、厌学等情绪反应，严重者须休学进行治疗，对学习生活产生严重影响。从行为表现方面来说，行为退缩，喜欢独处，不易信任他人，在特殊时间或场景重现时易导致痛苦体验，进而发生自残行为。在人口密集的校园内自残行为的发生，也会成为创伤后障碍的应激源，引发其他大学生的创伤后应激反应。一系列的连锁反应会让应激事件如瘟疫般在校园散开，严重影响校园的安全稳定。

二、大学生应激事件干预模式

大学生在成长过程中不可避免地会遇到急性创伤性事件和慢性压力性事件，如果对这类事件能进行有效的控制和干预，可以减少或避免大学生创伤性应激障碍的发生。构建知识权威—干预治疗—跟踪支持三位一体的 PTSD 干预模式（图 4-1），有助于大学生更健康地成长。

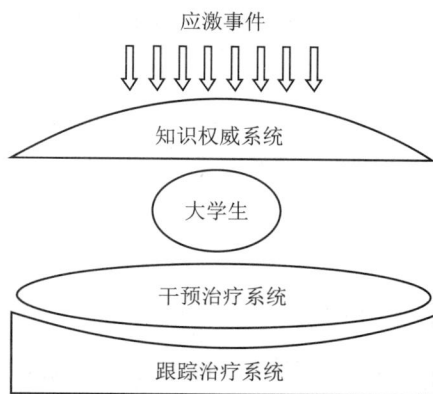

图 4-1　三位一体的 PTSD 干预模式

（一）知识权威系统——大学生应激事件的保护伞

1. 丰富第一课堂知识的传授

高校作为大学生知识传授的主阵地，在教会学生专业知识的同时，也要加强学生危机性知识的储备。很多大学生尚缺乏危机性事件发生时自救的知识，如地震发生时应躲在什么位置、火灾发生后应如何逃生、如何防止别人的性侵害等。研究表明，在同一类型的事件中，受害者暴露程度不同，其创伤后应激障碍的发生率也不同。应激强度越大，作为 PTSD 干预模式的第一道关口，大学生对应激事件知识的储备和风险规避能力就显得尤为重要。校园应激事件发生时，大学生应激事件知识和技能的使用犹如一把保护伞，能抵挡或减缓应激性对个体造成的伤害，使应激事件停留在较低水平，不朝着危机事件转化。

2. 及时发布第二课堂的信息

信息的权威作用在大学生创伤后应激障碍的发生上不可忽视，权威的信息能给公众一个引导，减少对疾病的恐慌，正确认识和对待公共卫生事件。充足的准备能够使大学生规避更多风险，教会大学生在危机事件下如何实施自救和他救行为，对事后 PTSD 的发生能够起到很好的预防作用。高校教务部门可以将应激事件知识的传授纳入选修课程中，通过第一课堂的学习，加强学生对应激事件知识的储备，增强学生的自我保护意识。感冒患者不仅要承受来自对疾病的恐惧，同时还会遭到周围人的冷漠、回避等不良的体验，更容易产生 PTSD。高校教学院系应主动联合学校卫生部门和学工部门，在获取权威信息的同时，及时地介入权威信息的发布中。辅导员、班主任密切关注学生，通过及时召开各类会议，在教室、宿舍及学生经常出入的地方张贴一些小常识、小贴士、温馨提示等标语，以多种形式多种途径将权威信息、有效的操作办法通过第二课堂传递给学生，避免造成大面积的恐慌。

3. 增强第三课堂技能的训练

行之有效的技能能够让学生尽可能快地从应激事件中脱离出来。高校学工部门可以开展危机训练营、逃生训练等活动形式，学生通过实战的训练，可以有效地加强应激技能的储备，也可以对第一课堂和第二课堂知识进行有效的检验，增强学生应对应激事件的能力。通过第一课堂、第二课堂和第三课堂的有效对接，为学生撑起一把应激事件的保护伞，将较弱的应激事件直接抵挡在外，将应激事件转化为安全事件；减弱较强的应激事件对学生造成的伤害，以便让干预治疗取得更好的效果。

（二）干预治疗系统——大学生危机事件的安全气囊

知识权威系统能给大学生在应激事件中一定的保障，但过于强大的危机事件会冲破第一道屏障，对大学生造成伤害。干预治疗系统为大学生提供了应对危机事件的安全气囊，最大限度地减少危机事件给学生造成的伤害，预防个体创伤后应激障碍的形成。

1. 发挥专业机构的主体作用

很多个体在创伤性事件发生后的十几年甚至几十年突然出现 PTSD 症状，创伤体验并非真正离开了创伤个体，而是被压抑了。因此，对个体创伤性干预一定要及时，如对于坠楼自杀事件的目击者，在事件发生后一个月内要给予高度关注，特别是那些符合 PTSD 症状和功能损害标准的受害者。

以学校心理健康教育机构为点，以院系学工办事为线，以班级心理委员为面，构建学校—院系—班级为主体的心理健康教育网络，在大学生 PTSD 干预模式中扮演着十分重要的角色，为暴露在危机事件中的创伤个体提供专业支持。

高校心理咨询与心理教育机构是整个网络的核心，对于创伤体验的干预应重点放在个体的情绪宣泄和疏导上。伍泽莲等学者在对个体创伤心理本质和根源的研究时提出创伤心理在本质上也许是由强烈的负性情绪性极易引起的，不断重复的、持久而强烈的负性情绪体验才是灾难给人们留下长久的心理阴影的根源。通过专业人士的介入，运用情绪调节的理论引导情绪出口，帮助个体心理泄洪。有条件的学校可以向学生开放情绪宣泄室，让学生的负性情绪得以尽情地释放，并结合心理咨询与治疗技术，提高个体对创伤性事件的免疫能力。在对于创伤性个体的干预过程中，干预方法的选择要特别慎重。创伤性个体在创伤情境中更容易引发创伤后应激障碍，对于暴露疗法等场景再现的方法运用时要特别慎重，运用不当，不仅不能减少创伤个体的应激症状，而且可能加重个体的创伤性应激反应。鉴于心理咨询与教育机构的师资状况，需要院系学工部门和班级心理委员的协助，从"点"上具体解决问题。

院系学工部门在对创伤群体的关注中，更多应关注女大学生的 PTSD 反应。有研究表明，PTSD 患病率存在性别差异：女性高于男性。尽管男性暴露于创伤性事件的机会大于女性，但是女性的 PTSD 患病率为男性的两倍。如果学生受到的创伤是人为的、蓄意的，那么对于被伤害个体应给予更多关注，因为蓄意创伤受害者的伤害是人为的、蓄意的，他们的权利、成就和安全感也许会受到更大挑战。

在关注创伤性事件经历者的同时，不要忽略大学生充当灾难的救助者、照顾者和经历者的家属和亲友等群体。在新闻报道中有很多这样的例子：山崩于前不惊，地陷于后不惧，并且积极地投入救灾过程中，但灾难过后却很容易被自己的负面情绪所击倒，表现出PTSD 的症状。个体所接受负面情绪的能力是有限的，若不给予及时的宣泄疏导，即使脱离了灾害场景，也会因为个体负性情绪的累加而超过个体情绪所能承受的阈限，最后表现出创伤后应激障碍的症状。院系学工部门应及时了解分析创伤群体的心理动态，从"线"上与心理健康教育部门沟通及反馈，研究具体可行的干预方案。

班级心理委员来源于大学生群体，通过心理训练，掌握鉴别和发现异常问题的技能。心理委员遍布于学生群体，能够及时地发现和掌握个体的异常行为和情绪，并及时向院系学工部门报告，让创伤个体及时得到干预与帮助，从"面"上普及每位创伤个体。

高校"点线面"三级干预网络在一定程度上能帮助创伤个体消除危机事件的影响，对于特别严重，或伴有躯体症状的个体，应及时向专业机构求助，以确保校园安全。

2. 发挥非专业机构的辅助性功能

高校的人文关怀对于创伤个体的应激性障碍的形成能起到延缓和预防的作用。在灾难性事件发生时，个体会表现出无助、绝望等情感体验，而救援人员的出现无疑给事件中的个体带来了阳光和希望，各级领导、辅导员、班主任和同学们的问候和关心也给了他们无限的温暖，正是这样一种正性的情绪体验能与负性的情绪体验产生对抗，减缓甚至预防创伤后应激障碍的发生。在暴力性事件为应激源的事件中，有研究表明，合理的赔偿是减少 PTSD 发生的重要因素，通过积极的干预可以降低 PTSD 发生的可能性；否则，可能加重或协同创伤性事件导致 PTSD 的发生，即干预不力或支持缺乏有可能增加 PTSD 发生的危险性。

高校资助部门应联合医疗和保险机构，帮助创伤个体办好理赔等事宜，必要时给予一定的物质支持，帮助创伤个体更快恢复正常的生活学习状态。个体摆脱创伤性事件影响的一个很重要的方面就是告别，告别的对象适用于创伤性事件的经历者、目击者、受害人的亲属等群体。告别可以通过仪式进行，对于大学生而言，可以由学校统一组织的追悼会、告别仪式等现实活动；也可以是班级组织的以祝福、祈祷等为主题的班会。通过活动的开展，让逝者更为安详，让生者更为从容。

（三）跟踪支持系统——大学生创伤后应激的软垫

干预治疗系统能够有效地减缓创伤个体在危机事件受到的心灵的伤痛，一些伤害在短期内并不能根除，生活还在继续，伤痛也在继续。亲友的支持给了创伤个体继续生活的勇气，跟踪支持系统犹如一块软垫，让创伤个体实现"软着陆"。

对于创伤后应激障碍的干预和治疗，后期的跟踪和支持系统是必不可少的环节。跟踪和支持有助于为创伤个体提供支撑，重拾生活的信心。

在跟踪系统中，很重要一个方面就是要给创伤个体建立心理档案，把个体所经历的创伤性事件记录其中，对于以后的心理干预可以起到借鉴和参考作用。在支持系统中，个体社会支持系统的构建将对个体创伤后的恢复起到至关重要的作用。支持系统的构建来源于个体的领悟、亲人的关爱、朋友的鼓励、社会的接纳等方面。张春艳等在对大学新生领悟社会支持和创伤后应激障碍时发现，大学生创伤后应激障碍与领悟社会支持总分及各因子分都呈显著负相关。也就是说，个体感觉被支持时创伤后应激障碍发生的概率会有所降低。亲人的关爱作为支持系统中的重要组成部分，会给予个体强烈的保护和支持，用爱的力量去化解事件的伤痛，有利于认知系统的重构和修复。亲人第一时间到来以及无微不至的照顾，能给予学生巨大的心理支持，增强战胜困难的勇气。大学生在学校的成长过程中，老师和同学是其接触最密切的人群，对于校园创伤性事件来说，由于亲人不在身边，来自老师、同学、舍友的鼓励和支持则显得尤为重要。学校在进行危机性知识教育的同时，也要教会学生如何关心和理解创伤个体，发动最广大的力量为创伤个体构建支持系统。

第二节　个人丧失与哀伤的干预策略

一、哀伤辅导基本理论

（一）哀伤的界定

在人们的生活中，人们不得不面对兄弟姐妹、父母、朋友甚至他们自己的孩子的死亡。悲伤是个体在心爱者死亡后所产生的经验，悲伤使个体不可避免地会面临不幸福感与受苦的感受，因以悲伤可以说是一个包含痛苦、困惑与苦恼的过程。虽然人们通常能对他们的损失达成一致，但丧亲对大多数人来说是一个非常痛苦的时期。丧亲可以通过教导人们学会适应重大的生活危机而导致个人成长。如果人们在解决他们的丧亲问题时遇到困难，这可能导致诸如病态悲伤反应、身体疾病和死亡风险增加等后果。

（二）哀伤辅导

1.哀伤阶段

在第一阶段，否认，人们通过否认他们的死亡实际上正在发生的可能性而对他们的损失做出反应。这可以起到一定的作用，因为它有助于缓解损失的影响。

愤怒和愤怒是第二阶段。在这个阶段，人们通常会问自己为什么要死。死亡的人对死亡持有很大的不满，因为他们必须死亡，而其他人可能持续幸福健康地生活。

第三阶段是讨价还价。在这个阶段，人们会尝试用更高的权力来讨价还价，以获得更多的生活时间。在这个阶段，即使那些被报道为无神论者或不可知论者，也会试图与上帝讨价还价。

抑郁是第四阶段。在抑郁症阶段，人们会接受一个人会死去，并且认为没有任何意义可以继续生活，这个阶段伴随着无比悲伤的感觉。

第五个也是最后一个阶段是接受。在这个阶段，死亡的概念得到了充分的承认和接受。这一阶段缓解了抑郁的悲伤，并使那些面对死亡事实的人在感情上不受他们即将死亡的阻碍。

2.哀伤辅导技术

哀伤辅导的技术如表4-1所示。

表 4-1　哀伤辅导的内容与功能

哀伤辅导技术	技术内容	功能与作用
空椅技术	此技术一般只需要一张椅子，把这张椅子放在当事人面前，假定丧失客体（亲人、朋友或希望等）坐在 / 放在这张椅子上。来访者把自己内心想对他 / 它说却没来得及说的话表达出来，从而使内心趋于平和	帮助当事人完成了与丧失客体没有来得及的告别，宣泄了当事人的思念与哀伤，处理其内心的自责与歉疚
角色扮演	让当事人扮演丧失客体的角色，通过扮演，换位思考，让当事人在不知不觉中进入角色当中	理解所扮演角色的想法，体会到丧失客体对自己能好好生活的期望，以此作为调节消极情绪、继续生活下去的动力之一
仪式活动	仪式活动通常代表结束一个活动，同时开始新的活动，仪式活动有追悼、写信、鞠躬、写回忆录等各种形式	哀伤辅导很重要的一个步骤是让当事人正视丧失现实，而且在心理上接受与丧失客体的分离
保险箱技术	当事人将丧失导致的负面情绪放入想象中的容器里，即将创伤性材料"打包封存"，以实现个体正常心理功能的恢复	仅依赖于想象来完成的情绪处理技术。此方法可以在较短时间内缓解当事人的负面情绪
箱庭疗法	让来访者在有细沙的特制箱子里随意摆放组合玩具来再现其多维的现实生活，使来访者的无意识整合到意识中	治疗者陪伴来访者完成箱庭作品的制作，通过与来访者对话，在理解作品象征意义的基础上，体验来访者的情绪情感，促进来访者的心理发展与变化

3.哀伤辅导过程

哀伤辅导分为 4 个过程，它们分别是：

（1）接受失落的事实。悲恸者必须停止否认死亡已然发生的事实，要承认挚爱真的过世，不会再回来了。悲恸者要正视和评估失落的真实，不能嗤之以鼻或夸大其词。

（2）处理悲伤的痛苦。伤心、沮丧、生气、疲累和苦恼都是至亲挚爱死亡时的正常反应，我们应该肯定、鼓励悲恸者适当地体验这些感觉，这样他们才不会背负这些感觉直到终老。

（3）适应故人不在的世界。悲恸者可能要花一些时间才能完全了解已失去故人在自己生命中扮演的所有角色，悲恸者在此时面临的挑战是担负新的角色，重新界定自我，学习新的因应技巧，抑或把注意力重新放在其他人或别的活动上。

（4）展开新生活的同时亦与故人建立永恒的联结。悲恸者在灵性或无形层面为故人找到一个适当的地方安置，这项任务涉及创造，在情感联结与回忆上与故人保持适当的关系，如此一来，故人将永远与他们同在。箱庭疗法让来访者在有细沙的特制箱子里随意摆放组合玩具来再现其多维的现实生活，使来访者的无意识整合到意识中。治疗者陪伴来访者完成箱庭作品的制作，通过与来访者对话，在理解作品象征意义的基础上，体验来访者的情绪情感，促进来访者的心理发展与变化。

二、辅导员干预大学生丧亲心理危机干预工作现状

高校辅导员工作繁忙琐碎，大多数没有哀伤治疗的理论指导和专业培训，他们对丧亲

学生的处理方法通常与传统方法一样，说一些有道理但是没有多大效果的话语，对于学生的安慰、指导，存在一定的误区，他们会和一般人的认识一样鼓励丧亲者走出悲伤，尽快融入现实生活中去，因为每个丧亲的学生都要接受自己的亲人已经不在的事实，去尽快适应"不再有他"的另一个世界，他们还会认为时间可以治疗一切，哀伤者应该独自哀伤，让哀伤者节哀和坚强。殊不知，未被合理应对的哀伤会给学生带来很多负面后果，也是引发一些心理问题的重要原因。

高校辅导员作为学生的人生导师和知心朋友，如果在大学生丧亲的时候不能正确帮助学生，既体现不出其专业素质，又不能得到学生的认可，因此，使用哀伤辅导技术干预丧亲大学生心理危机，对于提升高校辅导员的专业素质起着积极的作用。

三、辅导员如何从专业心理学角度读懂大学生的丧亲哀伤

高校大学生虽然从生理上来说已经是成年人，但是因为对死亡的认识没有接受过科学的引导和教育，自身还不具备完全独自生活的能力和条件，因此，对他们来说丧亲都具有严重的影响。

（一）辅导员首先要从专业心理学的角度认识学生的丧亲反应和丧亲心理

根据心理学临床统计结果显示，学生在丧亲的数周之内会产生以下一些反应：心理反应为痛苦、紧张、恐惧、焦虑；认知反应通常会产生记忆力差、强迫性回忆，注意力不集中，无法做决策，钻牛角尖等；生理方面会出现头疼、食欲缺乏、失眠、噩梦等，行为反应可能会出现攻击、自杀、回避、失助、退化。辅导员要能针对以上反应心理、认知反应和生理反应感同身受地理解学生，而对于极端的行为反应则需要早关注、早发现、早应对。

（二）不同依赖类型的学生对于丧亲会有不同的应激反应

根据英国精神医生约翰鲍比的依附理论认为不同的依赖类型的人对于丧亲会有不同的应激反应，所以辅导员要能正确看待不同的学生有不同的反应。第一类是安全依恋型，这些学生认为自己是有价值的，同时认为他人是可以信任的；第二类不安全—回避型，这类学生对父母持有负面的看法，但肯定自我的价值，他们回避内在的情感要求，用冷漠和自足来应对外界。第三类不安全—矛盾型，他们往往渴求他人的关爱，但又缺乏内在的自信，因此表现出对情感的过度依赖和苛求。第四类不安全—不一致型的学生则会兼有上述两种类型的行为，他们的自我描述常常是混乱的，有时似乎很相信自我的能力和价值，有时又似乎全无信心，完全依赖他人对他的情感。第一类学生属于安全依恋型，其余三类学生都属于不安全依恋型。

安全依恋型的学生当失去自己的亲人时会悲伤，但愿意把内心中的悲痛和怀念向自己亲友诉说。他们心中仍然保有逝去者的位置，但会渐渐有所弱化，而逐渐地把生活重心转移到现实生活上来。不安全—回避型的学生或表现为忙于处理具体事务而"无暇"悲伤，

或表现为压抑甚至否认自己有悲伤的情绪。不安全—矛盾型的学生则是另一类表现，他们似乎被悲伤完全压垮了，无法接受一个没有亲人的陌生世界。他们报告说自己脑海里常常不由自主地想起亲人和过去的生活，即使在亲人逝去很久后，有些学生会长时间沉湎于过去而难以自拔。不安全—不一致类型的学生对去世者的陈述则常常混乱而缺乏一致性，似乎有时候他们将某种想法抑制，而有时候又被突如其来的某种想法所控制。所以当辅导员看到不同的学生在丧亲时表现不一样的状态时，从依附理论的不同类型分析就可以解读学生各种行为状态背后的深层原因。

（三）辅导员要学会对学生哀伤情绪进行危机评估

辅导员在知道学生丧亲后的两周之后，应该学会对学生的哀伤情绪进行危机评估，通过自己注意观察和嘱咐舍友观察丧亲学生的状态、行为、语言，看其是否行使正常的社会功能，是否有自毁的行为等，特别是对那些与过世者关系密切、人格脆弱、年龄较小、存在情绪障碍，特别是还有其他生活危机同时发生的学生更需要格外注意和进行哀伤辅导。

四、辅导员如何运用哀伤辅导技术帮助丧亲学生走出情绪低谷

（一）哀伤辅导的步骤

辅导员从事的心理谈话与心理辅导是否专业化，要看能否按照专业步骤开展，一要进行危机评估，二要进行介入性辅导谈话，三要确定哀伤辅导策略和专业方法，四要进行专业辅导实施，五要进行辅导效果追踪。

（二）对不同依附类别的学生开展不同的哀伤辅导

心理学家 Penebaker 等人的研究表明，内在的情感适度表达有益于个体的心理健康。对于安全依恋型的丧亲学生，一些基本的关心可以促使其尽快恢复正常的学习生活，但对于以下三类不安全型的丧亲学生则需要使用不同的方式进行哀伤倾向性辅导。

第一类不安全—逃避型的丧亲学生往往逃避、压抑甚至否认与逝去者之间的内在情感，因而可能在将来影响他们的健康。辅导员在哀伤辅导时要能看透其貌似"刀枪不入"的"盔甲"，促其直面内心的情感，从而适当宣泄其内在的积郁或是悲伤。

第二类与之相反，丧亲中不安全—矛盾型的学生常常会沉入"无尽"的悲伤中，他们终日闷坐茶不思饭不想，生活似乎在亲人去世之时就结束了。这时，辅导员在辅导中应当促使学生身边的室友等帮助他们尽量离开与丧亡者相关的事物，更多地参与一些新的活动，如鼓励他们参加班级集体运动或参与一些自己曾经感兴趣的社团和公益活动等，这样慢慢通过适当的恢复导向经历，他们也许能在生活中重新找回生命的"重心"，回归到生活的正常轨道中来。

第三类面对不安全—不一致型的丧亲者，由于他们表现出自我描述的不一致，这不是一种十分健康的心理状态，所以辅导员在哀伤辅导中应让他们有更多倾诉机会，以帮助他

们发展出关于逝去者的一致性陈述。悲伤辅导，鼓励"忘却"或者"留存"，答案是应该依据不同的情形分别对待。在当代依恋理论的新视角下，丧亲学生的心理图景的描绘更趋完整，这些理论对高校辅导员进行哀伤辅导提供了更具可操作性的指导原则。

（三）辅导员学习运用心理学技术，完成哀伤辅导的过程

辅导员要实现工作专业化必须学习一些心理学技术，针对哀伤辅导，以下几种方法可以尝试使用。

1. 空椅子技术

此技术一般只需要一把空椅子，把椅子放在当事人面前，假定丧失客体（亲人、朋友或者希望等）坐在这把椅子上。来访者把自己内心里想对他说却还没来得及说的话，表达出来，从而使内心趋于平和，这个过程帮助当事人完成了与丧失客体没来得及的告别，宣泄了当事人的思念与哀伤，处理其内心的自责与歉疚。

2. 角色扮演

辅导员可以让学生扮演丧失客体的角色，通过扮演，换位思考，丧亲学生会在不知不觉中进入角色，深深理解所扮演角色的想法，体会丧失客体对自己能好好生活的期望，以此作为调节消极情绪、继续生活下去的动力之一。

3. 仪式活动

仪式活动通常代表结束一个活动，同时开始新的活动，哀伤辅导很重要的一个步骤就是让当事人正视现实，而且在心理上接受与丧失客体的分离。仪式活动可以是写一封致死者的信；画一幅画或创作一个艺术品；放飞气球；在桌子上或者设置一个地方以怀念逝去的人，以利于当事人完成健康的分离，引导新的出发。

4. 保险箱技术

指导当事人将已失去的美好部分锁入一个想象的保险箱里，钥匙由他自己掌管，并且可以让他自己决定是否愿意以及何时打开保险箱的门。此方法可以在较短的时间内缓解当事人的负面情绪。或者是指导丧亲学生将丧失而导致的负面情绪放入想象中的容器里，即将创伤性材料"打包封存"，以实现个体正常心理功能的恢复。当然，哀伤辅导技术只能处理丧亲学生的一部分问题，即情绪困扰问题。而社会支持，即学校的室友或班集体等主动地帮助对学生是很重要且有效的，而辅导员的关心，精神上、物质上的及时帮助以及分享相关体验，提供实际的建议及讨论应对方式对于帮助学生更快地从丧失事件中走出来，开始新生活会有更大的作用。

五、辅导员处理丧亲哀伤的基本原则和要求

高校辅导员在进行哀伤辅导的过程中，有一些专业原则需要特别注意，防止特殊工作的专业引导与平时的学生教导相混淆。

第一，要注意哀伤辅导谈话的环境选择，辅导员可以找一个适宜的环境进行谈话，办

公室不是一个很好的选择，家庭环境或者室外清新的环境可能更适合。

第二，要在学生感觉能谈的时候再谈，如果没有做好准备，就先不要贸然去谈，不要着急说"节哀顺变""你要振作，要坚强"之类的话语，要学会陪伴、共情，要允许他们用自己的方式去表达哀痛，尽量使用开放性的问题，而不是封闭性的问题，允许学生哭泣，可以多给一些身体上的安慰。

第三，谈话过程中不躲避谈论死亡，鼓励学生谈论失落并表达感情，避免说教和不合时宜的建议和意见，也不鼓励刚刚丧亲的学生做出任何重大改变生活的决定。

第四，辅导员需要了解自己在经验和能力方面的限制，通常与过世者关系密切，人格脆弱、存在情绪障碍的学生对哀伤辅导要求迫切，但在遇到出现病态或复杂哀伤而自己无法处理，或者是哀伤程度严重，持续时间超过 4~6 周且影响到日常生活功能或无法自行摆脱负面情绪时，需要转介精神医疗专业人员接受心理治疗，以免延误病情。

人生中会经历各种各样的丧失，辅导员要教会学生亲人的离世、失恋的打击、成长的挣扎等，这些都是不断连续的丧失过程，痛苦和忧伤给予人们的不只是负面的东西，也给予人们结束过去的力量和勇气，而辅导员以爱的陪伴让学生更能看到继续生活的希望。成长总是伴随着必要的放弃，一个孩子要进入学龄期就必须对婴儿期说再见；一个毕业生要真正进入社会，就必须对学校说再见，成长是一连串的死亡与新生，痛苦是一种具有治疗性的感觉，它是每个成年学生真正成长的必经之路。而那些看似一帆风顺未能真正经历成长之殇的学生，总会在现实生活里出现各种各样的问题。只有真正经过苦痛、丧失以及哀伤历练并从中得到力量的学生才能在未来的生活里走得更好。

第三节　个体干预

众所周知，对处于心理危机中的个体，我们要动员各方力量，采取各种措施，积极干预，来促进危机的成功解除。同时，我们也要开展预防教育，以防危机进一步恶化，造成更大的伤害和消极影响。具体来说，辅导者可以采取谈心式教育、疏导教育法、思想转化法等来进行危机的预防教育。

一、谈心式教育

谈心式思想教育方法作为一种科学而有效的方法在思想政治教育中占有独特的地位。它是一种直接地、面对面地、坦诚地用语言进行双向思想交流和情感沟通的方法，即"有目的的交谈"。它能够推心置腹地触动学生心灵，启迪学生的思考，打破师生之间的障碍与隔阂，使学生在轻松愉快的气氛中接受教育，在宽松和谐的情境中领悟道理，促使学生吐露真实心声，流露真情实感，释放心理能量，缓解心理危机带来的紧张、焦虑、烦躁情绪，减轻身心压力，增强对危机的承受力与抵抗力，增强社会适应力，坚持与危机作战，最终解除危机、战胜危机。

谈心式教育要取得良好的效果，必须做到以下几点。

要学会积极倾听。倾听是心理学中的专有名词，是有效沟通的技巧之一。倾听时要做到耐心倾听、用心倾听、诚心倾听、全神贯注倾听、善意倾听，不随意打断对方，不抢话说，等对方说完再发表自己的观点，并给予回应，有针对性地提出建设性意见，这样可以拉近双方的心理距离，达到心灵互动的目的，有利于谈心效果的取得。要做到情理交融，谈心时不仅要尊重事实、尊重真理，做到以理服人，而且要表达真情、流露实感，做到以情动人，要将晓之以理和动之以情紧密结合起来，这样才能取得良好的效果。要注重双方平等，主要强调沟通、交流过程的平等，即谈心双方地位平等、人格平等、语言交流的平等和情感的平等。要做到同感共情，强调要站在对方的角度设身处地地思考问题、分析问题、判断问题并帮助解决问题，增强彼此之间的相互信任，增进双方间的彼此理解，促使对方敞开心扉，表达真情实感，形成双方的良性互动。

此外，在谈心场所的选择、谈心距离和坐向的确定上，也应因谈心对象不同而有所不同。谈心式教育要取得良好的效果，必须掌握四个技巧。要巧妙设计开头、要善于捕捉时机、要紧紧抓住重点、要做到完美结尾。具体问题具体分析，根据学生的不同情况选用不同的开头；当触动学生心灵、启迪学生思考、引起学生共鸣时，应抓住机会，及时进行教育；围绕主题进行教育，要抓住重点，切中要害；在谈心结束时要一起总结本次谈心的收获，在送上鼓励话语的同时，积极提出几点希望，促进谈心目的的实现与谈心效果的进一步巩固。

二、疏导教育法

疏导教育法是思想政治教育经常使用的方法，是思想政治教育的主要方法之一。疏导教育是指广开言路，让其充分表达，又善于引导，帮助教育对象端正思想认识，提高思想觉悟，选择正确行为方式的方法劝导，即在思想政治教育中要通过指引、劝导，最终引导各种思想、观点与言论朝科学、合理的轨道发展。疏，即疏浚、沟通，也就是经常说的疏通，与堵塞、压制相对立。思想教育中疏通的目的是使大家知无不言、言无不尽、敞开心扉、解放思想，充分表达自己的想法、见解和观点。其中，疏通是引导的基础和前提，引导是疏通的归宿和目的。

疏导教育的具体方式包括分导即分而导之、利导即因势利导、引导即启发诱导。分导又包括分散而导、分头而导和分步而导。因势利导，强调正确分析形势、抓住特点、把握规律，在此基础上，抓住合适的时机予以解决。启发诱导即教育者引导、指导受教育者主动、积极、自觉地加强思想认识、提高思想觉悟的方法。在对处于危机中的个体进行预防教育时要根据具体情况采取具体的疏导教育方式，以取得满意的效果，一般而言，根据危机个体问题的类型与严重程度，疏导教育分为矫正性心理疏导和发展性心理疏导。

同时，为了促进疏导教育法的发展，切实发挥疏导教育法对处于心理危机中个体的预防教育作用，切实做到有的放矢、对症下药，就必须做好以下几点。

首先，要积极疏通。鼓励受教育者畅所欲言，说出真实想法，使思想政治教育过程成为教育者与受教育者相互交流、相互帮助的过程。

其次，要启发诱导。疏通强调让受教育者敞开心扉，知无不言，流露真情实感，引导强调充分发挥教育的作用，纠正错误认识，统一正确认识。

再次，要学会理解。在思想政治教育过程中，教育者要积极倾听受教育者心声，理解受教育者的想法，为启发引导受教育者奠定坚实基础，也有利于受教育者接受教育者的思想，认识自身不足，选择正确的行为方式。

最后，要不断创新。能承载并传递疏导教育的内容和信息的形式和手段统称疏导教育法的载体。随着社会的不断发展、进步，疏导教育的载体也应立足实际、与时俱进、不断创新。除了应用显性载体如心理健康教育课程外，还应加强隐性载体的开发、利用程度，如各种心理活动和校园文化建设；除了应用以前常用的载体如谈话、书信以外，还应积极利用新时代的产物——网络和大众传媒；除了思想政治教育工作者要积极进行疏导教育外，各类教学、管理人员也要加入进来，形成全员育人格局。

三、思想转化法

思想转化法直接针对的是少数人的错误思想观念，它强调在教育过程中，通过教育者的帮助和努力，受教育者的思想逐渐从消极变为积极，从错误向正确转化，从后进转化为先进。在心理危机预防教育中，思想转化法主要适用于转化危机个体的错误观念、非理想思想以及自我否定的观点认为正确的观念、理性思想以及自我肯定的观点，从而积极控制并解除危机，运用思想转化法实施预防教育的途径很多，其中，比较常用的途径有以下几个。

第一，以情感人，奠定思想转化的基础。情感作为人与人之间交流、沟通的纽带，是人们在相互交往中形成的一种心理反应，在大学生心理危机的预防教育中，与危机个体建立深厚的感情，则容易赢得对方的信任，内容也易于被接受，从而有利于取得良好教育结果。相反，如果感情淡漠甚至对立，危机个体容易形成抵触心理，产生反感情绪，就难以收到应有的效果。所以，要关爱危机个体，赢得他们的信任，与他们建立友情，消除思想转化的障碍，促进他们的思想转化。

第二，以理服人，提高思想转化的力度。以理服人主要运用事实教育和说理教育的方法。事实教育是运用丰富而合理的事实，耐心反复地对危机个体进行说服，促使其思想转化。而我们知道"理论只要说服人，就能掌握群众；而理论只要彻底，就能说服人，所谓彻底，就是抓住事物的根本"。说理教育强调说理要"真"、说理要"透"、说理要"实"、说理要"新"，以此来攻破危机个体的思想防线。

第三，以行导人，巩固思想转化的效果。我们知道思想转化是一个长期、曲折、反复的过程，为此，我们要在以情感人和以理服人的基础上，制定相应规章制度，规范、约束危机个体的行为，促使他们边行动边思考，制止错误思想的发展，减少错误行为的发生，增强思想转化的效果，同时，教育者在重视言教的同时，也不能忽视身教，这样言传身教、身体力行，才能不断巩固教育成果。

第四节　团体治疗

危机中，我们不仅要对处于危机中的个体进行预防教育，以防微杜渐乃至成功解除危机，还要对处于危及周围的群体进行预防教育，防患于未然，以防因感染而引发其他危机事件。具体而言，我们可以采取典型教育、团体辅导、感染教育等方式来对他们进行危机的预防教育。

一、典型教育

通过有代表性的、典型的人或事的示范，来提高人们思想觉悟的方法，叫作典型教育，又称榜样教育或者示范教育。它用具体可感、生动活泼的典型事件或人物来替代枯燥、呆板和抽象的说理，具有形象性、体现具体性、突出生动性，增强了吸引力和说服力，容易引起人们的深刻思考，激发人们的情感共鸣，从而引导人们对照典型、学习典型、模仿典型。

典型教育的具体分类多种多样，其中按性质可分为反面典型和正面典型。与时代主旋律背道而驰，代表错误、落后的思想，对人民产生消极影响与破坏作用的典型叫反面典型。正面典型则是反映了时代的精神和主旋律，与社会发展方向一致，代表着积极向上的思想和事物发展的规律，对人民有积极影响和榜样示范作用的典型，也就是通常所说的先进典型。通过反面典型来对人们进行警示教育，是一种必要的、特殊的典型教育，但是在心理危机的预防教育中，以先进典型教育或正面典型教育为主，而树立正面典型，进行典型教育，应注意抓好以下几个环节。

（一）识别发现典型

大学生有自己相对独立的是非观，面对多元化社会价值观的冲击，他们向往美好的同时也极易产生疑虑。他们需要看得见、摸得着、信得过的先进典型人物去实现"心有可依，人有所随"，匡扶内心的价值准则和理想信念。因而，发现的典型要代表方向性、体现群众性、反映时代性、具有指导性，即典型要代表事物发展的方向，要受到群众的认同和拥护，要体现时代精神，反映时代风貌，顺应时代潮流，走在时代前列，对实践具有指导意义。

（二）扶持培养典型

发现典型后，要通过扶持和培养，使之不断提高、完善，以更好地发挥榜样示范作用，影响更多的人，不至于随着时间的推移而销声匿迹，造成不良影响。

（三）宣传树立典型

宣传要体现真实性，做到实事求是，一切从实际出发，不弄虚作假、不任意拔高；树立典型要注意多样化，既树立学习方面的典型，也树立品德方面的典型，既树立单项典型还树立综合典型，树立各个方面、各个层次的典型，通过"点燃盏盏灯"，来"照亮一大片"。这样，能启迪大学生的心灵，完善大学生的人格，引领大学生不断奋斗，鼓舞大学生不断前进，在先进典型的宣传和推广中，使更多的人受到教育和感染，从而积极学习并效仿典型。

（四）推广学习典型

这是充分发挥典型效应的中心环节和关键所在，前面的识别发现典型、扶持培养典型和宣传推广典型，都是为认同、接纳、推广和学习典型创造条件。在推广学习典型时，一方面要在认识上加以引导，启迪大家认识到自己与典型之间的差距，理解典型精神的实质，明确学习的方向，坚定学习的信念，明白学习的途径，积极主动学习典型。让先进典型真正走进大学生心中，留在大学生脑海里，巩固和扩大典型效应的成果，实现"一盏明灯照亮一片天空，一面旗帜渲染一片春色"，努力把"局部的高产"拓展为"全面的丰收"。另外，思想政治教育者自己要以身作则，身体力行，从行为上加以引导。这样言教与身教相结合，言传身教，率先垂范，才能使典型教育更具有说服力、感染力、号召力和影响力。

二、团体辅导

近年来，大学生心理危机事件发生率不断上升，成为高校思想政治教育和心理健康教育的挑战和难题。为降低大学生心理危机事件发生率，增强高校思想政治教育的效果，促进大学生健康成才，基于高校心理健康教育和思想政治教育的内在相关性，大学生心理问题的集中性等，我们特将团体辅导引入高校思想政治教育中来，引入大学生心理危机的预防教育中来。团体辅导是与个体辅导相对应的一种心理辅导形式，它是以团体为对象，在团体情境下进行的一种心理辅导与帮助，主要通过适当的团体辅导方法与策略的应用，在积极创建接纳和信任团体气氛的基础上，鼓励团体成员围绕与自身密切相关的主题，敞开心扉，畅所欲言，通过团体成员间积极的交流与互动，启迪思考、碰撞思想、激发感悟，从而澄清思想、提升认识、健全人格、调整行为。团体辅导具有一定的教育和预防功能，适用于大学生心理危机的预防教育。

大学生心理危机事件发生后，特别是危机事件目睹者、危机个体的同学、朋友、老乡及其他受严重心理问题困扰的学生所受的冲击最大。如果不及时有效地对其进行预防教育，他们很容易因感染而出现模仿行为，引发新的危机。因此，要通过团体心理辅导对这个群体进行及时有效的预防教育，向他们澄清事实真相，协助他们认识危机事件的原因，明白危机事件的伤害，懂得解决危机的有效途径，恢复其失去平衡的心理，防止其模仿危机个体的行为。一般来说，对处于危及周围群体的辅导主要包括以下环节。

首先，说明目的，导入活动。该阶段团体成员的主要心理需求是获得安全感，所以要请心理健康教育老师或者有经验、心理健康知识丰富的思想政治教育工作者澄清团体辅导的目标与原因，订立团体规范。同时，可以通过一些轻松愉快的小游戏，来放松大家的心情，缓解大家的焦虑、紧张情绪，建立初步的信任和接纳感，为后面环节的顺利进行奠定基础。

其次，吐露心声，积极疏通。可以用一些半开放式问题来协助同学们更好地表达自己的真实想法与内心感受，如请同学们在一张事先提供的空白纸上写出："自己是在（时间），通过（途径）得知某同学危机事件的，当时的感受是（怎样的）。"同学们可以通过文字、符号、绘画、自由联想等各种方式，自然呈现出此时此刻自己最真实的感受和想要表达的心声。这样，大家的所思所想所感都淋漓尽致地呈现出来，渐渐地有的同学默默流泪，有的同学禁不住哭起来，有的同学已经泣不成声，有效而巧妙地宣泄了大家积蓄的紧张、焦虑、惋惜、哀伤、震惊以及恐慌的情绪。

再次，积极引导，心理教育。针对大家上一环节表达的所思所想所感，教育者首先应告诉大家，在目睹和得知危机事件后，大家的各种情绪反应，如紧张、焦虑、哀伤、惋惜、恐慌和行为反应，如伤心哭泣、无所适从等在短期内都是正常而合理的，但是如果程度过强、持续时间过长，则形成心理障碍、引发心理危机的可能性比较大。同时，告知大家在遭遇突发事件和巨大困境时可能出现的各种反应，包括生理、认知、情绪和行为等方面，引导大家正确看待，合理调节。然后，相互交流，小组分享。这一环节重在引导学生进一步梳理并分享个人想法、体验与感受。启发团体成员认识到面对心理危机时，每人都有复杂的感受和体验，在表达并合理宣泄自己情绪的同时，也要理解、接纳别人的感受。同时，在小组互动中，教育者选择适当时机，与大家一起探讨未来与人生，引导大家达成共识：面对人生可能出现的困境、意外和挫折，自责、压抑、逃避、自残、伤害他人甚至轻生，不仅不能解决问题，反而会伤害自己甚至伤及无辜。

最后，总结经验，表达祝福。团体辅导快结束时，要协助成员整理辅导收获，总结学习感受，在肯定成长、鼓舞信心的同时，促使其将所学所获应用于今后的生活中。

三、感染教育

感染教育法又叫隐性教育，强调教育者自觉地利用自身、一定感染体和环境的教育因素，使受教育者在潜移默化中，受到熏陶、影响与感化，从而主动接受教育的方法。与说理教育相比，感染教育形象、生动、自然，有较强的渗透性和较浓的情感性，强调寓理于情，以情感人，通过感染的方式在潜移默化中起到教育的作用。

根据受教育者受感染体的感染性质不同，感染教育分为逆向感染与顺向感染。逆向感染指受教育者对感染体产生抵触、反抗、对立的情感，不接受甚至排斥感染体的内容；顺向感染指受教育者对感染体产生亲和、接纳、认可的情感，接受并赞同感染体的内容。大学生心理危机的预防教育就是要积极争取受教育者对教育者提供的教育内容产生顺向感染，防止和减少逆向感染。

根据活动方式和感染内容的不同，感染教育可分为：群体感染、形象感染、艺术感染。形象感染即形象教育，是指用直观、生动的事物和反映社会现实的典型事例，感染人们的情感，启发人们理解并接受抽象道理的一种教育方法。具体到对危及周围群体的预防教育，形象感染教育主要靠形象的内在感染力，使大学生在形象、具体的事例中，在与成功应对心理危机的个体的直接交谈中受感染，深刻体会大学生心理危机的预防教育的重要作用，明白树立危机意识和掌握危机应对技能的重大意义，从而使大学生心理危机的预防教育取得良好效果。

艺术感染即在文艺作品如美术、舞蹈、音乐、戏剧、文学、电影、电视等的欣赏、评论与创作活动中，来影响和感化受教育者，这就是我们通常所说的"艺术教育"，它是美育的一个方面，强调寓教于乐。对危及周围群体进行艺术感染时要做到以下几点：要培养大学生欣赏的兴趣。通过介绍大学生心理危机预防教育理论创立的历史背景、理论渊源、重要意义及趣闻轶事等，尤其要注意联系大学生的生活实际，结合大学生的自身经验，培养其欣赏的兴趣；要培养、提高大学生的欣赏能力。在各种书评、影评等活动中，用大学生心理危机预防教育理论对大学生进行正面引导；要激发大学生的情感。要向大学生展示蕴含大学生心理危机预防教育精髓的艺术作品，激发大学生对大学生心理危机预防教育的敬佩、景仰情绪，明白大学生心理危机预防教育的重要性，从而推动大学生心理危机预防教育工作的尺度。

群体感染一般是指在群体内部发生的感染，强调受感染的个体相互影响、相互作用的状况，即所谓的交互感染。个体与群体受感染的方向是否一致和一致的程度决定了个体在群体中受感染的程度的加强与削弱以及加强与削弱的程度。思想政治教育工作者要积极、主动培育群体的顺向情感，要尽力激发个体的顺向情感，要自觉抑制个体的逆向情感，并竭尽所能为逆向情感向顺向情感的转化、发展创造条件，从而达到教育目的。具体到大学生心理危机预防教育，高校要运用好群体感染法，就要充分发挥班级和学生公寓两个群体环境的作用，加强班风建设和寝室文化建设，积极推动先进思想、优良品质和模范行为进班级和公寓，开辟班级和学生公寓心理危机预防教育理论学习的新阵地，使学生在积极、健康、优良的群体环境中潜移默化地学习心理危机预防教育知识，掌握心理危机预防教育理论，促进大学生健康成长、顺利成才。

第五章　心理危机干预热线与网络咨询

第一节　危机干预热线与网络咨询

一、高校校园网络环境概述

（一）网络环境概述

一般来说，网络环境的定义有狭义和广义之分。"网络环境，狭义地说，是指在电子计算机和现代通信技术相结合的基础上构建起来的宽带、高速、综合、广域型数字式电信网络。这种网络通过网中设网、国际互联，可以覆盖一国、数国乃至全球。广义地说，网络环境还包括由于网络渗透、扩张而引起的国家信息政策、信息管理体制、信息系统组织、用户行为和社会文化等方面的变化。"总的来讲，前者指的是网络的物质实体，也就是网络的硬件设施；后者指的是网络的抽象体，也就是网络的软件。信息社会的网络环境应该就是这种既包含硬件又包含软件的整体。

网络所具有的基本特点决定了网络构成的网络环境具有以下基本特点。

1. 复杂性

"在网络环境中，信息形态具有多样性，媒体内容具有不确定性，信息组织方式具有灵活性与弹性，信息揭示方式具有片段性、整体性与动态性。用户所处的具体信息环境具有可变性、发展性、综合性、系统性、机器控制性和智能性。"

2. 隐喻性

随着互联网的飞速发展与网络的不断普及，计算机术语已经家喻户晓，并且占据了人们生活的半壁江山。例如人们工作、娱乐等生活场景中经常使用的 EMAIL、博客、MSN、QQ、微博等称呼都属于计算机术语，并为人们所熟知。网络环境中人们使用的语言大都是隐喻化的语言和计算机术语，但是由于网络环境的不断变化与发展，网络用户所使用的计算机语言也在不断更新与变化发展。因此，人们就产生了对这些语言既陌生又似曾相识的感觉。

3.动态性

网络环境作为一个既丰富复杂又集万千条信息于一体的构成环境，也是一个处于动态变化中的三维体。互联网为人们所呈现的每一条信息都是计算机在高速运行当中的一个瞬时记录，如同镜头在某一个时间点上的瞬间定格。因此，网络环境本质上就是一个不断变化发展的动态结构体。

4.虚拟性

网络环境是人们创造与发挥想象的一种结果，虽然它不是直接来源于真实世界的现实反映，但却具有真实的存在感。网络环境的虚拟真实是借助人们的心理反应的认同而产生的一种真实的感觉，并不是由电脑营造的一种类似于真实世界的虚拟实境。

（二）新时期大学生与网络的紧密关系

随着计算机技术的不断提高和高校对信息技术依赖性的增强，互联网基本在高校占据了一席之地，这也是院校与高科技接轨的重要标志之一。网络在人们的生活当中如影随形，尤其是大学生这样一个与网络有着特殊关系的群体，他们无时无刻不在利用网络的高效性与全面性等特点，去探索新知识，学习新内容，不断丰富与发展自我。

二、网络环境引发的大学生心理健康问题

网络环境作为一个虚拟的社会环境，在无时无刻地影响着人们生活的方方面面，而作为知识分子的大学生更是与网络有着千丝万缕的关系。他们的心理受到家庭环境、社会环境以及个性特点等因素的影响，而互联网以其高度开放性、隐匿性等特点对大学生的心理影响尤其深刻。因此，在网络环境下研究大学生的心理健康问题仍然是高校心理工作者们任重而道远的目标与任务。

（一）网络心理健康概念及内涵

1. 网络发展与网络心理健康概念的提出

众所周知，网络心理健康的概念是由网络性心理障碍而引出的。互联网作为高科技的产物，它不仅给人们的学习、生活、工作等各方面带来了诸多便利，同时也相应地产生了很多负面影响。网络环境的虚拟性远不同于现实世界，但它们之间又存在较多的相似性，因此，网络环境对网络用户所造成的心理影响绝对不亚于现实社会，比较典型的例子就是网络上瘾，简称为"网瘾"或"网痴"。

英美等发达国家是世界上普及网络较早的国家之一，同时也是最早发现网络对人们心理状况产生影响的国家。据调查，在网络普及初期，英国的普利茅斯大学曾对"上网成瘾"这个现象做过统计，大概有20%的人有上网如同吸烟般上瘾的感觉，让人很难抗拒，但也有大概12%的人觉得网络给他们带来了心情上的放松感与愉悦感。这一研究成果使网络心理健康首次作为与网络性心理障碍相对应的科学术语被提出，但由于当时的环境受限，网络心理健康的概念被人们所搁置，一直没有得到较为权威且公正的学术认定。而许

多涉及网络心理健康的文章以及著作也没有对此正面的回应，而是避开问题，直接从心理健康的标准去判定心理状态是否健康，要么就是从描述的角度去界定。

2.心理健康与网络心理健康

心理健康就是心理状态保持良好，并且个体在这种状态下能够较为清晰与理智地支配自己的情绪、意志与行为等。心理健康本身就是一种处于动态平衡中的心理状态。随着生活节奏的加快，人们所面临的压力越来越大，社会对人们的心理素质也提出了更高要求，心理健康的标准也同样随着社会的进步不断变化与发展，可是心理健康的概念一直没有一个精确的界定，只能借助描述心理健康的标准来检验心理健康状况。

在界定和描述网络心理健康时，我们同样也可以引用心理健康概念的界定方法。网络心理健康虽然多了"网络"一词，但仍属于心理健康范畴，是心理健康在网络时代的新特征。按照这一方式，我们依据心理健康的标准和网络性心理障碍的角度来对网络心理健康概念进行界定。"简单地说，网络心理健康就是人们在使用网络时保持积极的心态，离线时能够保持心理的平衡，能够较好地把握虚拟与现实之间的关系，在虚拟性与现实性之间以现实性为主导，在线时和离线时能够保持人格的同一。"

（二）网络作为心理空间的基本特征

与人们生活的现实世界相比，互联网作为一个虚拟的网络社会有很多不同于真实世界的特点。心理学研究表明，人们所处的环境会影响人们正常行为方式的表达，以致做出很多与自己性格不相匹配的行为。美国的 John Sule 博士认为，互联网的虚拟世界之所以不同于现实的外部世界，主要源于人们之间的人际关系、族群关系等都进入了数字化时代，人们可以较自由地选择联系方式。总之，网络以其虚拟的独特性使网络用户有了更多不同的心理体验。

1.身份的可变性与匿名性

由于网络空间的虚拟性、隐蔽性等特点，使得人们在网络上展现自己的身份时带了某种随意性与匿名性，并受到网络带来的其他特殊影响。人们在现实世界中受到很多世俗、身份、地位等条件的限制，不能随心所欲地按照自己的意愿办事。网络恰好为人们提供了一个相对安全的平台，在这里人们可以随意地改变自己的特质，即完全或部分暴露自己抑或完全匿名自己的真实特征。匿名的好处主要体现在两个方面：一是当人们心情不愉快时可以通过网络匿名性发泄自己内心的不快；二是人们可以借助网络大胆公开地讨论很多现实场景中羞于启口的话题。

2.身份、地位的平等性

在网络这个虚拟的空间里，人与人之间是相互平等的关系，没有高低贵贱之分，人们可以自由地发表自己的见解与看法，不受任何现实社会中所存在的身份、地位、种族等一些客观因素的影响，这就是网络上宣扬的网络民主的特点。尽管一个人在现实世界中的身份、地位等因素会或多或少地影响到他们在网络空间里的生活，但是网络民主已经是不争的事实，而且在网络空间里你对一个人或者他人的影响主要来自你选择的网络联系方式、技巧以及自己独到的思想见解。

3. 穿越时空界限

在网络世界里人与人之间的沟通与联系不受任何地点、时差等客观因素的限制。因为网络为人们提供了一个虚拟的平台，在这里人们可以不受任何拘束的选择任何时间、任何地点进行交流与畅谈，不用考虑现实中存在的一些因素，以致很多人借助网络这个虚拟空间，通过发送 E-mail 等方式进行网上交流，最终促成一笔笔交易，成了自己现实世界中真正的商业伙伴。这样的例子比比皆是，让人也不得不感叹网络无限的魅力，它让很多兴趣相投的人走到了一起，并且通过这个虚拟的平台进行无限制的交流与探讨。但是，任何事物都有其两面性，网络也不例外，它不仅为有着相同爱好与目标的人提供了积极交流的场所，同时也为很多不法分子提供了较多可乘之机，导致网络犯罪泛滥不止，这又体现了网络消极的一面。

4. 长期有效的记录

在网络上人们之间的交流可以通过文本的形式进行记载，并且被保存到计算机文件里，且人们不管在什么时间、什么地点选择何种网络联系方式，都可以被长久地记录下来，电子邮件以及 QQ 聊天等网络软件工具都带有相应的记录与保存功能，使得网络空间就变成了一个虚拟的保存空间。在这里人们可以反复回顾所保存的内容与信息，并且还可以在现有的基础上做出任何改动与再记录，人们在查阅文本时甚至还可以体验到那时那刻记录文本时的心理状态，这就赋予了网络文本以更加奇妙的特殊含义与意味。

5. 黑洞心理体验

人们总是希望自己与计算机之间能够进行良好的相互作用，但事实并非如此，因为不管你的电子工具功能如何强大，它都有可能会在瞬时间发生信息传递错误或者屏幕一片空白等让人措手不及与懊恼的事情。这就反映了人与互联网之间的一种特殊关系：人类对机器和信息技术的依赖性以及操纵它们的必要性。网络也恰巧给人们提供了这种发泄自我不快与忧郁的大门，这些都被称为网络空间的黑洞心理体验。在互联网发展的初期这种现象可谓家常便饭，但是即使互联网发展到今天的地步，这样的事情依然存在，无可避免，只是这种现象在某种程度上有所减少而已。美国的 John Sule 博士曾为人们设置过一个类似真实黑洞心理体验的实验：当人们在打开某个网络链接时会突然出现黑屏，直到你把鼠标拖动很久以后才会出现内容。

（三）大学生网络心理健康问题的几种主要表现形式

人的心理健康是一个相对独立且较为复杂的动态过程，而造成心理健康问题的因素也是多种多样的。尤其是在网络这个大背景下，大学生产生心理健康问题的因素就更加复杂化与多样化，大致主要表现为以下几个方面。

1. 网络成瘾

网络成瘾的问题是如何构成的呢？从心理学的角度出发，简单地讲，就是部分青少年在社会生活中本身就存在一定的心理问题，而这些严重的心理障碍在网络环境中更加极端地呈现出来。在此基础上必然出现沉溺于网络环境的现象，严重的便构成了网瘾问题。从特点上看体现为以下三点。

第一，早期是逃避社会压力，总有逆反心理，对周围的人和事越来越反感、厌烦与不屑一顾，通过网络的多元化价值观点找到了精神的认同与归属感，并对此产生了精神依赖，渴望上网。随后就发展成了身体的依赖，一旦不接触网络，便精神恍惚、无所适从、情绪一落千丈，上网后这些症状则自然消失，精神恢复正常。

第二，长时间滞留于网络上，玩游戏、升级、聊天、无端地下载很多文件、制作网页等，痴迷于网络中丰富的海量信息，不断在网络上冲浪与寻找新刺激，最终导致自己的生理机制严重受损，影响了正常的学习、生活与工作，对网络以外的世界也越加漠不关心与视而不见。

第三，持续地对现实生活中发生的一切毫不在意，眼中无他人，甚至包括自己的家人与亲戚、朋友等，断绝现实生活中的人际交往，角色严重错位，经常把网络中的自己带到现实生活中来，行为变得异常，进而演变成网络人格与现实人格混乱，出现现实人格分裂症状。从本质上来看，这是青少年在巨大的社会压力面前，社会心理不适应表现出来的一种心理反常现象，透过互联网把这种现实心理障碍问题无限扩大化，到了无法挽救的地步，便成了人格心理疾病的表征。

2. 人格障碍

古怪性或孤僻性人格障碍、戏剧性或情绪性人格障碍、焦虑性或恐惧性人格障碍。古怪性或孤僻性人格障碍的共同特点是性格孤僻、怪异、敏感，容易怀疑别人，很难与人相处与建立稳固的人际关系，社会适应能力差。在理性范畴的评价标准出现混乱后，人格不统一，心态容易失去平衡。戏剧性或情绪性人格障碍则共同表现为不恰当或极端的变化无常的行为，通过过分与夸张的行为引起他人的关注与在意，并且忽视理性的思考与适当的约束，很难遵守正常的社会规则。焦虑性或恐惧性人格障碍基本共同表现为高度的担忧与神经过敏，过度关注社会道德规范，理性的认知远远超过正常的知性与感性认识，甚至把沉重的理性当作信仰，惶惶不可终日，人生变得晦涩，毫无光彩可言。

凌辉、黄希庭等人曾在2008年发表的《中国大学生人格障碍的现状调查》报告中指出，在我国26所高校的4811名学生进行测查，结果认为："人格障碍检出率在1.2%至7.6%之间，占比最高的为表演型（27.6%），最低的为分数型（1.2%），也就是说，表演性人格障碍的青年比例较多，显示出他们忽视理性的反社会的特征；男生偏执型、分裂型、反社会型、自恋型、强迫型的人格问题表现显著高于女性，而依赖型问题主要表现在女生身上；农村家庭学生、单亲家庭和寄养家庭学生、贫困家庭学生人格障碍阳性率较高，也证明这些人的生活压力非常大，对社会的压抑情绪很深，相应的人格障碍也比较多。分析结论是，当前我国大学生中存在较严重的人格异常和人格障碍问题，男生比女生严重。"

三、校园大学生网络心理咨询的发展与建设

（一）大学生网络心理咨询面面观

1. 网络心理咨询的概念

网络心理咨询一般是指专业人员通过互联网这个平台，运用一定的心理咨询理论和技术手段对来访者进行心理问题剖析并予以解决的一种咨询模式。"广义的心理咨询则包括求助者通过专业的心理咨询网站学习各种心理健康知识，掌握相关心理技能；咨询专业人员通过相关的网络资源向求助者介绍各种心理健康知识，提供心理援助与在线治疗等活动。"

2. 大学生网络心理咨询

互联网作为一门新兴技术为人们提供了较为便利的沟通与交流方式，同时也使得很多新兴学科得以发展与应用，以网络为媒介进行各种心理咨询活动也变得越来越普及与受欢迎，其中较为常见的网络咨询方式有在线咨询与离线咨询、电子邮件咨询、语音咨询、视频咨询、网络团体咨询、网络个体咨询和网络支持性团体等。

（1）在线与离线咨询方式。在线咨询主要是指咨询师与来访者双方同时出现在网络上，并借助网络这个平台进行有效的交流与互动，这种心理咨询方式较为常见。来访者可以通过各种在线交流工具如 QQ、MSN 等同心理咨询师进行实时的交流，了解自身存在的心理障碍与症结所在，便于对症下药与寻找解决方案，从而真正获得心理疏导与帮助。而离线咨询主要是指心理咨询师或者来访者有一方不在线，其中的一方通过在线留言的方式发送信息，待另一方上线时便会自动接收到对方离线前所发来的内容，从而实现双方之间不同步的心理咨询过程。

（2）电子邮件、语音、视频咨询。电子邮件咨询是网络心理咨询领域中最常见的咨询方式，尤其受到很多大学生的青睐。

电子邮件心理咨询主要是指咨询师通过电子邮件的方式，运用所学心理知识与理论对来访者进行心理疏导和援助，并最终以恰当的方式解决其心理问题的过程。它是目前网络心理咨询中最为常见与便捷的一种心理服务方式。虽然电子邮件心理咨询是一种纯文本的心理服务方式，不能加载一定的语言与信息，但是作为一种自我表达与人际交往的强有力的表现形式，它的作用功不可没；与传统的信件咨询相比，它的文字表达与反馈更加及时有效，而且成本也不会太高。

语音与视频咨询则不同于电子邮件的表达方式，它们会更加直接与快速，咨询师与来访者之间是同步的、及时的、迅速有效的交流，它不仅可以传递文本信息，还可以通过语

音和视频交流工具能够更好地观察到对方的举止、表情、动作等肢体语言，使得信息容纳量更加丰富，同时也是电子文本所无法比拟的。但是它也受到一定的限制，例如，网速传输受限导致的图像不清晰、声音延迟等，这种影响可能会挫伤来访者的咨询积极性。

（3）网络团体咨询、网络个体咨询以及网络支持性团体。互联网使网络团体咨询变成了可能，因为网络把不同地域、不同身份的人群聚集在一起。所谓的网络团体咨询，主要是指通过网络这个虚拟空间把具有相同心理困惑或障碍的人群聚集在一起，由心理咨询师进行引导，成员之间就某一个话题展开讨论或者彼此分享各自的经历以及在面对同类事情的时候自己的经验教训，成员之间还可以成立一个专门的聊天室如 QQ 群等，也可以进行个体与个体的在线视频交流。网络团体咨询优势非常明显，因为它可以跨越空间，把不同个体聚集在一起进行交流与分享经验。但是由于网络本身的匿名性与随意性等特征又使得团体中的一些个体容易被误导或产生负面影响；除此之外，网络宽带的限制也在一定层面上容易迫使视频会议突然中断等，这就可能挫伤个体对网络团体咨询的积极性。因此，网络团体心理辅导需要有较为专业的心理健康教育工作者才能顺利完成与积极引导。

网络团体心理咨询对大学生而言是一个非常有效的心理咨询方式，因为大学生们的心理困惑与冲突具有极大的相似性。首先背景相似，他们来自同一个大环境，生活在同一所高等院校，所以他们产生的心理矛盾极可能类似。例如，工科院校的学习压力可能导致一部分学生会产生相同的学习困惑与焦虑；其次所遇问题的相似性，大学生正处在人生发展的重要时期，在这个时期他们每个人都可能会面对相同的问题，如环境适应问题、人际关系问题、情感纠葛问题、就业问题、学习压力问题等。当然，除了这些共性以外，同学们还存在着不同的个体差异，而这些主要来自他们的认知方式、价值取向以及人生经历等。而通过网络心理咨询他们不仅可以就某一话题互相交流，取长补短，分享经验等。这样做的好处很多，首先通过这样的心理辅导他们会较容易发现他们自身所存在的一些问题并不具有唯一性，甚至是普遍性的，这样会在某种程度上降低他们的心理负担与压力。以问题为中心的心理疗法认为，很多人的焦虑来自他们对心理困惑的认识具有唯一性，即我所遇到的问题别人无法理解，也无法提供帮助，所以在心理上产生了无助感与困惑感，也就不利于问题的解决。其次，团体中每个个体身份的相似性，即都是在校大学生，他们在对待同一个问题时所持看法与角度不同，因此互相交流有利于开阔他们的视野，但是有些个体在对待问题时持偏激的态度与观点，这就需要团体心理辅导的主导者要有较高的专业素养，知识储备以及足够的工作经验，能用非常专业的心理辅导技术，使整个辅导流程往他们预定的方向与期望的目标前进。

网络个体心理咨询与网络团体心理咨询相比较会稍微容易操作一些。很多大学生也喜欢这种隐匿在网络下的心理咨询方式，因为这种方式不仅使他们获得有益的帮助，同时也会使他们有一定的安全感。但是，我们也要看到就目前对一些人员配置不足的高校心理健康教育工作者来说，这种方式无疑是一种挑战，因为他们不仅每天要面对很多亲自来面询的来访者，还要应对来自网络大量来访学生，而一旦网络求助回复不及时就容易挫伤他们的积极性。

一些大学生喜欢利用电子邮件与心理咨询工作人员进行交流，这对于咨访双方都是巨大的考验。对来访者而言，有效地理解咨询工作人员的反馈信心非常重要。而对于网络心理咨询工作者而言，他们对来访者的心理问题缺乏直接支持的信息（如来访者的非言语线索和相关的社会性线索等），而这些信息也很难从电子文本信息中进行挖掘，因此咨询工作人员对来访者潜在的问题缺乏充分把握。在那些不完整的信息下还极可能隐藏着非常严重的心理问题（例如人格障碍、精神分裂症等），存在这些问题的患者是不适合采用网络心理咨询的。因此，网络求助者可以登录在线心理健康国际社会网站（the international society for mental health online，ISMHO），了解有关求助者网络心理咨询治疗适合度的评估。这样能让求助者本人更好地了解网络心理咨询的疗效性以及它的局限性与风险性。

网络支持性团体对大学生的心理健康教育有着显著的效果。

首先，网络团体中的每个个体都来自不同阶段的大学生，网络恰好为他们提供了一个较为自由与宽阔的交流平台，在这里他们可以互相分享和交流经验，做到具体事务具体对待，比现实中的老乡会等团体做得更加细腻与到位。

其次，网络支持性团体具有较好的匿名性与安全性，团体中的每个成员在这里可以毫无顾忌地打开心扉，畅所欲言。

最后，网络支持性团体一般都有较专业的心理咨询师，他们可以提供技术支持和心理策略指导，有益于问题的有效反馈与快速解决。尽管网络支持性团体在操作上还存在一些不足，但它仍是一个极具潜力的网络心理健康教育模式，高校心理健康教育工作者可以充分利用网络优势，拓宽本校心理健康教育的渠道。

3. 大学生网络心理咨询的焦点

从广义的角度出发，网络心理咨询主要集中在以下几个方面。

（1）网络心理测试。网络心理测试通常是利用网络版的心理测试表，对人的人格、心理健康等心理特性与行为进行一种量化的评定，它主要包括以下几个方面。

对每个个体的智力、能力倾向、创造力、人格、心理健康等方面进行全方位的综合测试，并且对个体的心理特性和行为进行剖析。

确定个体之间差异，并能预测个体在将来活动中可能会存在的差别，或者推测其在某个领域将来成功的可能性。

尊重个体在学习或生活中的能力区别以及优势与短处，评价个体心理发展所达到的水平与阶段等。

人们一般会下意识地认为，心理咨询的场景就是在一个辅导室里面，心理咨询师与来访者之间面对面的对话、交谈的过程，但真正的心理咨询并非简单的言语互动，而是采用专业化与标准化的心理测评软件对来访者进行心理健康状况评定，这样做的目的是使我们对来访者的心理问题做出正确的判断，防止贻误患者病情或者避免夸大来访者病情的严重性，真正做到有理有据，客观公正。

据调查，我国大部分高校已经配备了相应的心理测试电子版本，可以使很多来访者较为便捷地利用电子版本对自己进行心理健康状况测评，同时很多高校也配置了大学生心理测评系统网络版，使大学生只要在网上就会很容易对自己进行心理测评。例如，江西省大部分高等院校都采用由上海惠城咨询有限公司开发的 WINDOWS4.0 网络版本。此套心理测试软件由 54 个独立的心理量表构成，是全国目前最为系统与全面的一套软件系统，内容涉及大学生的人格特征、智力水平、心理健康状况以及社交能力等，主要用于大学生心理档案建设和大学生心理健康状况测查研究的软件工具。虽然大学生心理测评系统已经实现了网络化，但是，我们也清晰地认识到只有专业的心理咨询师才有资格实施这项技术，并对测量结果予以解释，绝不可滥用。

（2）网络心理健康知识普及。从广义的网络心理咨询来讲，网络不仅为大学生提供了丰富多彩的心理健康知识，同时也是网络心理咨询的一个重要支撑。其实网络上有很多心理咨询网站分别扮演着传播心理健康知识的角色，而高校的心理健康教育网站更是异彩纷呈，为大学生们提供了各式各样的心理健康信息资源。

现在的大学生从小接触的环境相对比较封闭，就造成了他们缺乏生活经验和处理问题的能力，一旦遇到挫折则很容易陷入低谷、意志消沉，做出错误的判断。刚刚步入大学校园的他们脱离了父母和熟悉的家乡，很多事情对于他们来讲都是第一次，正是由于这些第一次的问题处理不够恰当，导致很多学生出现了各种各样的心理疾病。而通过高校心理健康教育网站为同学们提供了相应的心理健康知识、处理问题的技巧与方法以及预防类似事件再次发生的引导机制等，这为大学生们提供了很好的借鉴与模仿的资源，无疑也是一种巨大的帮助。往往大学生们进入大学第一次碰到的问题基本包括适应环境、学习与考试压力、情感纠葛、人际关系处理、职业规划等，当他们遇到这些问题的时候很多情况下是束手无策的，一旦处理不好就会影响正常的生活规律，严重的甚至会产生心理疾病。高校心理健康教育网站正是担任了这种引导与教育学生的角色，为大学生的心理健康发展指明了方向。

（二）网络心理咨询的发展规划与建设

高校的网络心理咨询建设依然还有很长的路要走，如何把握大学生网络心理咨询的发展方向值得我们思索与探讨，下面就大学生网络心理咨询的发展规划提几点建议。

1. 网络心理咨询应把适应性咨询与发展性咨询有机结合

高校传统的心理咨询应该充分借助网络优势，在不断提高网络个体咨询与治疗质量的同时，提高对大学生网络发展性心理咨询的力度。由于发展中的问题对于大学生来说具有普遍性，而且其中一些心理问题能够通过积极的自我救助得到很好的解决。因此，网络心理咨询完全可以凭借它渗透性、便利性、保密性，大容量的优势为大学生们提供丰富的心理健康资源，达到助人自助的目的。如果说发展性咨询是从面上扩大网络心理咨询的服务范畴，那么适应性咨询则是在点上提高大学生的个体心理咨询的质量，我们完全可以凭借网络的强大优势，做到网络心理服务的点面结合，这样就避免了传统心理咨询中的头痛医头、脚痛医脚的被动模式，使大学生在这种心理服务模式下能够终身受益，真正做到以人为本。

2. 网络心理咨询应与传统心理咨询紧密结合

网络心理咨询与传统心理咨询可谓各有千秋，相辅相成。网络心理咨询的发展永远无法替代传统心理咨询，而是作为它的一个重要的补充。传统心理咨询的缺点是无法跨越时间与空间的限制，在操作上不够灵活与便利，而且在服务对象上无法做到大容量的操作。网络心理咨询则可以弥补传统心理咨询的遗憾，因为它本身的匿名性、放松性、大容量性以及跨越时空性等特点在很大程度上可以满足学生的需求。因此，我们必须认识到这两种咨询模式的利弊，做到扬长避短，使网络心理咨询与传统心理咨询真正做到相互补充与融合。

3. 网络心理咨询更待进一步的规范化建设

互联网使大学生网络心理咨询有了较快的发展，主要表现为两个方面，一是大学生利用网络进行心理咨询的人数在逐步上升；二是网上的心理健康信息过于膨胀。这就产生了网络信息量过剩，可利用率降低，主要体现在很多网络信息资源鱼龙混杂，良莠不齐，使很多真正需要网络心理咨询的大学生无法快速有效地搜寻到相关信息。

另外，一些网络心理健康知识受宽带技术限制等原因没有得到及时更新与扩展，造成信息量过久，不仅挫伤了大学生进行网络心理咨询的积极性，并且使得大学生网络心理咨询的互动与咨询效果大打折扣。因此，在网络迅速发展的今天，进一步加强网络心理健康信息的规范化、科学化管理，提高网络心理服务的质量，应是网络心理咨询未来的发展方向。

第二节　电话咨询策略

近几年来，伴随着高校心理健康教育理念的深入发展，针对大学生的心理健康教育的实施途径也不断得到拓展与创新，心理咨询热线电话以其方便快捷、自主安全、经济有效等特点，成为当前许多高校开展心理健康教育与咨询服务的有效途径之一。

一、电话心理咨询的特点与功能

电话心理咨询是指对有情绪危机的人进行心理帮助或干预的一种电话服务形式，有时也称为心理救援电话。它是危机干预的两种形式，即应用心理咨询和心理治疗的技术来调节求询者的"心理不平衡"，减轻或消除其情绪上或躯体、行为表现上的问题，从而渡过危机或逆境。自 20 世纪 50 年代首先在英美等国兴起后，电话心理咨询很快成为西方发达国家普遍设立的大众心理援助手段。我国的电话心理咨询起步较晚，但近些年来，心理咨询热线电话也开始进入我国高校，上海交大、南京大学、浙江大学、四川大学等高校相继设立校园心理热线并在各自学校的心理健康教育中发挥了积极作用。

当然，心理咨询热线电话被引进大学的心理健康服务，与其自身的特点和功能是分不开的。首先，电话心理咨询对一般的心理咨询而言有其共同之处，具体表现在：一是二者都遵循共同的心理咨询基础理论，如精神分析理论、行为主义理论、理性情绪疗法以及人本主义等理论；二是咨询技术也基本一致，即都强调咨访关系、倾听、共情理解等技巧的重要作用。其次，电话心理咨询的特点和功能也有其独特之处，主要包括以下几点。

（一）电话心理咨询具有跨越时空、方便快捷、灵活主动的特点

心理咨询热线电话无须事先预约，可以随时接待任何学生、任何问题的来电，而且电话咨询跨越较长时间，对于因地理原因或心理抵抗，焦虑较强和羞耻心较重的人，电话咨询提供了很方便的咨询机会与空间。

另外，在电话心理咨询中，求询者掌握着打电话的主动权，他们可以随时拨通或者挂断电话终止交谈，这为求询者提供了方便，但有时会影响咨询的进程。同时，个别心理咨询服务通常都在正常的工作时间进行，周末和晚上大多停止服务，而事实上，许多心理危机并不在正常工作时段发生，热线电话因其这种跨越时空的特性而常被特意安排在晚上为学生提供服务，这种工作时间上的特点就为求助的学生提供了极大方便。

（二）电话心理咨询的匿名性更有利于保护来访者的隐私并有助于求助者敞开心扉

为求助者保密是心理咨询的基本原则。然而，即使已经知晓了心理咨询的服务原则。由于罪过、矛盾、害羞、自责以及其他犹豫不决等情绪，求助者还是往往难以面对面地向一个陌生人叙述自己特殊的心路历程与感受。与面谈咨询相比，热线电话则具有更好的安全性与隐秘性。来访者不仅不需要出入于特定的心理咨询场所，甚至可以避免见到咨询师本人，通过这种匿名求助的方式，他可将内心世界真实的自己毫无防御地说出来。

心理咨询热线电话对于求助学生和学校心理健康教育职能部门来讲都比较经济有效。心理咨询电话只需要简易的场地和设备以及心理电话咨询员，就可以及时、有效地为学生提供心理援助，维护学生身心健康。对于那些不方便接受面谈咨询的学生，电话咨询是很好的选择。

二、进行电话心理咨询需要的必备素质与常用技术

由于电话心理咨询不进行面对面交谈，无法直接观察到求询者的言谈举止等，只能从电话声音中了解求询者的状况，并给予帮助和指导。因此，电话心理咨询在许多方面都比

面谈心理咨询都更难以操作，相应地，电话心理咨询对咨询师的要求也就比较高。电话心理咨询师必须具备敏锐的判断能力、良好的倾听能力以及娴熟的沟通技巧等素质。

（一）电话心理咨询中的倾听技巧

一般咨询师都要帮助来访者发现真正的自己，引导来访者挖掘自我的力量，实现来访者的自助自立。在电话咨询中，咨询师引导来访者进行倾诉，对来访者的话语善加概括和引导。因此，国外有人将热线电话服务称为"倾听治疗"。一位好的倾听者应做到以下几方面：用心倾听对方的谈话；耐心地倾听对方在谈话过程中的停顿和沉默；理解和领会对方的思想和感情；将自己的需要与看法暂且搁置一旁。

（二）电话心理咨询中的情感的映照与反馈技巧

当事人在会谈过程中都带有浓郁的感情色彩，咨询员应对当事人的情感给予反应，这样既可以帮助当事人了解自己的情绪，也有助咨询员的情感投入，当然也有助于与当事人建立良好的关系。

（三）电话心理咨询中的语言选择与语气技巧

声音在电话咨询中具有吸引、信服、抚慰及支持等作用。由于电话咨询少了直接观察和目光接触的沟通，因此听和讲是非常重要的。咨询员要注意几点：一是音质要标准，吐字清晰；二是音量中度偏轻为好，轻重要有变化；三是语音和语调的变化，一般主张以低缓、轻柔、亲切的语调与求询者交谈。

三、进行电话心理咨询的一般程序与各阶段目标

（一）对话初期

建立信任的咨访关系、抚慰求助者的情绪并初步确认求助问题。

这个阶段常常是双方建立信任关系的关键阶段，求询者会通过试探性方式来确认咨询员是否可以信任。这一阶段的主要工作：与求询者建立初步信任关系、抚慰求助者的情绪。具体说来包括以下几点。

1.接电话

拨通电话的对方一般都具有咨询动机。但实际上对话与否，仍然可能还处于一种犹豫不决的状态下开始拨电话的。为了让对方充分做好最终的情绪准备，等电话铃响了三四次之后再拿起话筒是比较理想的。

2.对来话者个人信息的询问与确认

首先要认真倾听求询者的主诉，并在头脑中形成求询者的问题所在及其背景、对方的个人信息等资料，这一过程类似于一般心理咨询的预备面谈。在主诉的谈话中咨询员若有不明白的地方，有必要向对方询问并加以确认。但在确认时一定要注意操作方式，不可妨碍求询者谈话的进程和感情的流露。

（二）对话中期

澄清并进步确认问题、评估问题类型与程度并寻找内外部协助资源与策略。

该阶段的主要任务包括：帮助来访者澄清自己的问题；与来访者共同寻找适合其问题解决的策略。通过双方的共同讨论，咨询师应发掘求询者的内部、外部资源，以此鼓励其发展积极的应对策略。对于个别问题，咨询员认为自己如果有很好的建议可以提供给求询者，但不是命令或代替思考与解决。在这一阶段中，咨询者要注意一个问题就是明确电话咨询的功能范围，必要时可建议咨询者进行面谈。

（三）对话结束

问题和情绪初步缓解、咨询过程与当下感受的升华、结束时机恰到好处。

"结束"应在来电者的主要问题已澄清、情绪得到抚慰、决定已做出之后进行。咨询结束的方式有三种：共同结束、咨询者结束和来访者结束。

共同结束是最佳的一种结束方式，咨询者和来访者都感到本次咨询达到目标，可以中断结束。一般来访者会出现结束前的一个沉默现象或者与咨询者谈论一些无关紧要的话题，这些都可能是咨询要结束的信号。

咨询者结束咨询时要尽量提前给来访者一些提示，因为如果突然结束咨询会给来访者一定的心理压力。一次性的电话咨询，原则上以求终询者自身有"该结束"的感触为根据，不要求也没有必要咨询过程非得下什么样的结论。

咨询员可以通过让求询者自己总结本次咨询的要点和感受、肯定求询者的能力或积极方面、鼓励求询者将计划付诸行动、提醒求询者在解决问题时要有耐心（对可能遇到的问题、挫折有心理准备）、鼓励求询者等技术，在关怀、友好的氛围中结束咨询，挂断电话。

四、心理咨询热线电话的建设、应用与管理等诸问题

（一）电话心理咨询工作"重在建设"

心理咨询热线与面谈心理咨询一样都是有效的心理健康方式，学校教育行政部门必须充分认识到其作用和意义，并对这项工作给予各方面的支持和帮助。

首先，学校心理健康教育职能部门应加大宣传力度，比如，在学生分布密集的场所宿舍区、食堂、教学区加以宣传，尽可能让更多的学生了解热线电话服务信息。

其次，学校心理健康教育职能部门要提供硬件和软件方面的支持。心理热线往往工作时间较长。尤其夜晚还要进行工作，因此学校教育行政部门要提供一个安静、舒适和安全的工作场所，并根据实际情况配备合适的录音设备，如录音电话、录音笔以及专用文件柜等，严格做好相关保密工作。

最后，从事心理热线电话的咨询员大多是具有一定技能、热爱这项工作的志愿者组成。学校可适当通过一定的途径在物质上或精神上给予志愿者必要的肯定和奖励，激发咨询员的工作热情。

（二）加强电话咨询师的培调和督导工作

由于从事心理热线电话的人员都是非专业心理学者，要取得咨询的有效性，就必须不断加强对这部分人员的培训工作，可以集中培训，也可以长期培训。其中，有一个很重要的环节就是对咨询员的督导。学校心理健康教育职能部门应指定或聘请专业心理健康教育教师参与和督导心理热线电话工作，有助于缓解和释放热线咨询员自身的心理压力，维护咨询员的心理健康，防止咨询员出现工作倦怠和心理枯竭。

（三）电话心理咨询工作中特殊情况的处理

1. 骚扰电话

由于电话咨询是一种间接的交流方式，因此会被部分人错误地利用，以妨碍咨询员的正常工作，最常见的就是电话骚扰现象，特别是女性咨询员。这种情况需要咨询人员具备敏锐的判断力以及合理、准确地拒绝对方的勇气和智慧。

2. 转介和干预问题

当咨询发现求询者存在较为复杂的心理问题时，比如，精神疾病的诊断和治疗，需要建议求询者进行面谈或者去有关部门咨询或进行诊断治疗。

3. 对自杀者的危机干预

热线电话最初在国外是用来帮助有自杀倾向的人，通过电话的求询，减少自杀发生的危险性，从而达到预防自杀的目的。目前，电话热线不仅限于发挥这一功能，但自杀仍然是电话咨询中的一种紧急情况。它需要咨询员在有限的时间内，最大限度地帮助求询者。将自杀的可能性降低到最低程度。因此，这时电话咨询中使用的会谈技术必须简练、实用、迅速和有效。

五、电话咨询在危机干预中的应用

根据电话咨询的特征、优点以及危机干预六步法，电话咨询在危机干预中应采取以下应对策略。

（一）建立良好的咨访关系

求助者打入电话后，工作人员首先应与其建立心理上的接触与沟通，尽可能快地与求助者建立关心、接纳、公正和共情的关系。打危机干预热线的人往往是抱最后一线希望或丧失了周围人的支持，危机干预工作者必须在尽可能短的时间内了解情况，做出分析与判断，并给予解决问题的支持，否则，求助者会感到工作人员不可信赖而挂断电话。工作人员要以平稳、接纳的态度来应对，声音必须平缓、稳重、语调温和，所讲内容不应有不赞成、冷嘲热讽或欺骗的成分。虽然这方面的要求在咨询前很容易明白，但在咨询过程中很少有人会意识到他们的音调和音量会不自觉地随着情绪变化而提高，这需要长期的练习以逐渐得到改善。

（二）明确问题

建立良好的咨访关系后，工作人员应尽量明确事情的发生经过，确定导致危机问题的症结所在，并评估求助者的求助内容。但在电话交谈中较难获得求助者情感状态的评估，这就要求工作者能比面谈式咨询更加敏锐地判断和了解求助者的潜在情感和体验，对情绪的表达与感受更加熟练和准确。一个比较实用的技巧是在身边备一份表达各种情绪感受的词汇，另一个技巧是身边备一份咨询员需要提出的问题，以保证能了解问题的各个方面。第三个技巧是身边备一本笔记本，记下求助者有关危机事件及其应对机制的要点，以便迅速做出评估。

（三）评估死亡危险性

如果发现求助者有躯体伤害的可能，应提一些封闭式问题以了解求助者的安全性程度。提问不要犹豫，要以同情、理解的态度明确表示工作者非常愿意帮助求助者。工作人员要直接就自杀问题询问求助者，如"你曾经想过自杀吗？""你是否已经做了自杀计划？"如果求助者回答是肯定的话，工作人员必须立即采取有关的行动步骤。

（四）制订计划

虽然对每个危机都要讨论可替代的应对机制和制订计划，但在电话咨询中要将这两步合并在一起。为了能立即消除危机的威胁，电话咨询工作者要简洁、明了地解释可供选择的应对方式。如果不能明确了解求助者的想法或进一步的背景资料，工作者需要注意少提一些难以做到的应付方式问题，因为工作者不十分清楚问题的实质和内在关系。对于可替代的应对方式，工作者要有耐心，慢慢地、一步一步地向求助者解释，使得其能够切实可行地去完成这些躯体和心理的工作。角色扮演、言语叙述和目标的确立应该反映在对求助者的行动计划中，只有求助者基本理解计划之后才有可能被接受，并可能会付诸实施。

（五）获得承诺与保证

电话咨询的承诺与保证应该是简单的、具体的且能即刻实施的。如果可能的话，工作者应该问求助者的电话号码，并且过一会儿去电话了解情况的变化，如需要与其他机构联系，则应该把有关情况告知其他机构，让他们去询问求助者计划完成情况。有时求助者事先已与其他机构联系过，但对工作人员不信任，因此并未按计划去做。如遇到这种情况，则工作人员应该主动与求助者电话联系，不必让其他机构去询问。这是确保求助者生命安全的一项保障性措施。

（六）其他问题的应对

危机干预的电话咨询面向全社会免费开放，为不少危机个体提供了寻求帮助的渠道，同时也容易引起其他人士的注意。有人拨打热线电话纯属骚扰，对待这样的来电，危机干预工作者在确定其意图之后应给予警告，然后挂断电话或转接给方便处理该问题的人员。另外有些真有心理问题的来电者经常打入电话，这说明电话咨询未能达到改变求助者现状的效果，反而使他们产生对电话交谈的依赖性。对这样的人，最好建议他们到心理咨询机构进行治疗。如果建议未被采纳，则可以与其约定每次通话时间，对其行为给予一定的限制。

第三节 电话和网络咨询的法律、伦理问题

一、校园心理咨询服务的现状

（一）校园心理咨询机构构建状况

经过数年的发展，高校心理咨询中心在不断探索中前进，目前我国大多数高校已经成立了心理咨询中心，它们正在朝着专业化、规范化的方向发展，但也面临着机构建设不健全、发展不平衡，在学生中的认同度不够，与学生需求脱节等问题。

目前来看，我国高校心理咨询机构的名称各异，大多数称为"心理咨询中心"，也有一些学校称为"心理素质教育中心"或者"心理健康指导中心"之类的，这在一定程度上反映了管理者对心理健康问题的不同认识以及机构服务的侧重点。这也说明高校心理咨询机构的管理者对高校心理咨询服务缺乏统一的认识。

心理咨询机构的基础设施是影响心理咨询服务质量的一个关键因素，从我国高校心理咨询人员的工作环境来看，其基础设施陈旧，专业设备缺乏，甚至有一些高校心理咨询中心的环境状况可以说很恶劣。有些高校心理咨询中心没有自己专属的场地，还需要借用一些院系的办公室进行工作。也有一些高校心理咨询中心有属于自己的场所，但因为咨询人员较少，经常借给一些院系做活动。这些情况都会导致高校心理咨询中心没办法进行专业的设计和装饰，不能为来访学生营造一个色调温和平静、自然大方、温馨舒适的咨询环境，这就有可能降低心理咨询服务的效果。

如今高校心理咨询中心的这些状况有所好转，但我国高校心理咨询中心的整体环境仍较简陋，大多数心理咨询中心无论是硬件还是软件等基础设施依然不够完善，规模也较小，而且环境舒适度也较低。如墙面的颜色单调，随意选择颜色的纯度、明度，简单刷一刷；桌椅摆设较为简陋，座椅也起不到放松的作用；通风采光条件不理想等，不能达到国家对心理咨询中心的建设标准。没有良好的物理环境做基础，严重影响了高校心理咨询工作的展开。

（二）校园心理咨询服务宣传状况

近年来，高校心理咨询服务工作在学校的高度重视下，在相关工作人员的努力和宣传下，心理咨询中心也在蓬勃发展，心理咨询服务已不再陌生，越来越多的学生对心理咨询服务有了一定的认识。但是，由于我国心理咨询服务起步较晚，高校心理咨询服务的宣传

力度有限，仍有部分学生没有科学、全面地了解心理咨询服务，对心理咨询服务的理解存在一定的偏差。

目前，我国高校心理咨询服务的宣传主要有以下几种方式。

1. 在校园里张贴宣传语、宣传海报

高校心理咨询服务中心通过在宣传语、海报上写一些通俗易懂的话语，来向学生阐释什么是心理咨询服务以及心理咨询服务能给人带来哪些帮助，让学生们更好地认识和正确理解心理咨询服务。

2. 开办与心理咨询服务相关的讲座

学校邀请心理学的专家或者老师，来为学生们做一些心理咨询服务相关的讲座，引导学生走出"有病才去心理咨询""心理咨询是不体面的""心理咨询都是立竿见影的"等误区。

3. 开办"5·25"心理活动月系列活动

为了加大心理咨询服务的宣传力度，多数高校都会借着"5·25"心理活动月这个契机，举办心理知识竞赛，开展一些与心理学相关的活动，以此来激发学生们的兴趣。尽管各大高校都在努力宣传心理咨询服务，采取多种多样的宣传方式来宣传心理咨询服务，让学生们走出误区，享受心理咨询服务。但还是有部分学生受"君子应自强不息"等传统思想的影响，不愿意去倾诉自己的问题，不愿意接受心理咨询服务；还有一些学生，比较自卑，害怕别人嘲笑自己，所以也不愿意走进心理咨询中心。这也说明了我国高校心理咨询服务的宣传力度还有所欠缺，心理咨询服务的普及程度还不够广。

（三）校园心理咨询服务师资队伍建设状况

经过多年的发展，我国部分高校按照教育部的文件为心理咨询中心配备了专业的心理咨询师以及相关工作人员，尤其是近几年来，高校心理咨询中心逐渐提高准入门槛，引进硕士、博士以及海外心理学专业的相关人才，不断地充实我国高校心理咨询服务的师资队伍，但我国高校心理咨询服务人员的整体建设仍然存在诸多问题。

目前，我国高校心理咨询服务师资队伍建设现状主要表现如下。

我国部分高校的领导把高校心理咨询服务与思想政治教育混为一谈，指派研究思想政治教育的教师来负责心理咨询服务工作，使得我国高校心理咨询服务管理混乱，专业性水平较低。

高校心理咨询服务专职人员缺乏，兼职人员技能水平欠缺。我国提倡高校心理咨询中心采取专兼职相结合的工作方式，打造一支以专业人员、专职人员为主，兼职人员为辅的师资队伍，而我国高校心理咨询中心由于专业人才的缺乏，多以兼职人员为主，有些学校在校学生已达万人，但心理咨询师却只有一到两名，有的学校甚至没有专职教师，只有部分兼职教师，而兼职教师多数都是没有经过培训抑或是经过短期培训就上岗的人员，而且兼职教师除了为高校学生提供心理咨询服务以外，还有自己的其他工作，所以时间有限、精力分散，专业知识缺乏，专业技能水平不高，而且很难得到提升。

高校心理咨询服务人员的男女结构比例不协调。目前，我国高校心理咨询中心的工作人员以女性居多，部分学校可以说是只有女性工作人员而没有男性工作人员，有时候不能满足学生对心理咨询服务的需求。尽管高校心理咨询服务踏上了快速发展的道路，心理咨询服务队伍应该是专业化的，但是就其现实来看，高校心理咨询服务队伍的种种问题，依然限制着高校心理咨询服务的发展。

（四）校园障碍性、发展性心理咨询服务状况

随着社会的不断变迁与发展，对大学生的要求也在不断提高，高校不仅要为社会培养各类专业人才，还肩负着为社会培养心理健康、具有较好社会适应能力的人才。尤其是近年来，经济快速的发展，高校的学生需要培养更好的抗压能力，这就要求有过硬的心理素质。高校心理咨询服务近几年来已有较快发展，但和大学生对心理咨询服务的需求还是存在很大差距的。

高校心理咨询服务包括障碍性心理咨询服务和发展性心理咨询服务两部分。障碍性心理咨询服务主要是对存在心理障碍的学生进行障碍排除和矫正治疗，如精神疾病、躯体化行为、过度焦虑等心理问题。发展性心理咨询服务主要是帮助学生解决成长中所遇到的烦恼和不适应等问题，帮助学生正确认识自我，正确认识社会，提高学生们的社会适应能力，激发学生的潜能，让学生得到全面发展。

然而，我国多数高校心理咨询中心都是以障碍性心理咨询服务为主，主要是为那些有心理疾病、出现心理异常及存在其他心理障碍的学生进行个体心理咨询服务，为其提供心理矫正和治疗，让其尽快摆脱心理障碍和心理异常的阴影，拥有健康的心理状态并保持下去。而在校园里存在障碍性心理问题的学生只占较小的比例，而更多的是需求发展性心理咨询服务的群体。

高校心理咨询服务的目标是培养具有良好心理素质、健康心灵的学生。重视障碍性心理咨询服务是高校心理咨询服务的重心，但不应该成为心理咨询服务的全部内容。从现状来看，我国高校心理咨询中心对发展性心理咨询服务重视不够。即使在开展心理咨询服务工作较好的院校，也仍然难以满足学生们对发展性心理咨询服务的需求。

（五）校园网络心理咨询服务状况

随着网络信息技术的快速发展，网络作为新型媒介以其快捷、开放、多功能性等特点渗透到人们生活的方方面面，这也为高校心理咨询服务工作提供了新的视角，为心理咨询服务创造了一种新的咨询服务方式，即"网络心理咨询服务"。这种方式是通过网络来连接心理咨询师和学生，心理咨询师运用心理学的方法和技巧，通过QQ、微信以及电子邮箱等方式，为学生提供心理咨询服务。

高校网络心理咨询服务是对传统心理咨询服务的一种补充和完善，通过对我国高校校

园网中是否有"心理咨询"或"心理健康教育"相关模块的搜索和浏览等方式，进一步了解到我国高校网络心理咨询服务工作相对滞后。通过对500所高校校园网的访问发现，网络心理咨询服务作为一种新的心理咨询方式，得到越来越多高校的认可，但仅有部分学校搭建了网络咨询平台，建立了心理咨询服务相关网页，开展了心理咨询服务的尝试，但利用率较低，有些学校甚至还没有搭建网络咨询平台，也没有专门为学生服务的QQ和专用的咨询邮箱。

目前对高校网络心理咨询服务的认识，不同的人也持有不同的意见，大家对其的接受程度也是各异。运用网络的方式为学生提供心理咨询服务，已成为一种趋势，但是怎么更好地利用其优势为学生服务，还需要不断地探索。

二、网络心理咨询伦理及其主要问题

心理咨询与计算机和网络技术结合，特色更加鲜明，操作更加简便，大大推动了心理咨询业的发展。但网络心理咨询的不足也是显而易见的，特别是在伦理方面。"在科技发展的历程中，科技工作者和管理决策层往往有意无意把伦理因素视为无关宏旨的因素而略去，由此引发了诸多伦理、法律等社会问题。"事实上，"技术绝不仅仅意味着由所谓科学真理决定的正确无误地应用，科技的发展使风险内在于现代技术的构成要素。"

因此，心理咨询从业人员和来访者，既要充分利用网络心理咨询的优势，也要合理规避网络心理咨询的不足，才能达到自己的目的。就伦理问题来看，心理咨询与计算机和网络技术的结合，在某种程度上造成了网络伦理问题与心理咨询伦理问题的叠加。充分认识网络心理咨询的伦理问题并加以有效防范，成为理论界与实践界共同关注的话题。

（一）网络心理咨询的伦理性及其意义

随着心理咨询业的快速发展，其伦理性越来越受到研究者和从业人员的重视。心理咨询属于应用伦理学的范畴，是一种行业伦理，是心理咨询人员与来访者处理双方关系时应遵循的道德准则和行为规范。心理咨询伦理"是指社会借以深入考察心理咨询行业行为及其规范及对咨询所具体遵循的职业条文和咨询师的职业身份与工作职业、范围作出规定等，也是从事心理咨询的行业人员本身对自身从业行为从观念到心理上的确认和反思"。

我国心理咨询业起步较晚。职业伦理并不规范，伦理建设很滞后。侯志瑾博士坦言：常常有这样的现象，作为咨询师和治疗师，我们通常都认为自己的行为很符合伦理，对伦理问题重要性的认识通常停留在理性层面上。然而，经过讨论大家才发现，伦理问题其实很关键，不仅涉及眼前的当事人，更会对实践工作甚至行业的发展造成深刻影响，伦理问题往往比我们想象的要复杂要重要得多。另外，也有一种情况是，咨询师和治疗师（特别是初学者）小心翼翼地对待伦理问题，但感觉举步维艰，因为害怕触犯一个伦理问题，结果却掉进了另一个伦理陷阱。更有一种情况就是，面对伦理两难局面，从业者没有一个知道原则和参考依据，不知从何处着手，也不知向谁求助。这也许是每个咨询与治疗从业者都会有的经历和体验。

随着计算机技术和网络的飞速发展，网络心理咨询得到广泛应用。由于网络社会的虚拟性，某些传统道德规范在网络社会出现失范，旧的道德体系形同虚设，新的道德规范暂未形成，很容易造成"道德真空"。"真实世界的道德规范难以规范他们的行为，多元文化和价值观念的充斥使得主体的价值选择趋向盲点，这些都使得网络中的人际关系以及形成的人群，缺乏基于道德、价值共识所具有的在情感、责任、信念和理想等心理机制上的内在张力。"在网络环境下，传统心理咨询的伦理问题依然存在，并且很多表现得更加突出。比如，咨询师的资质能力很难核实，来访者的真实身份不好确认，知情同意得不到保证，保密原则无法很好落实等。事实上，伦理道德作为一种规范和约束人的交往活动的原则和准绳，无论在哪种人类交往活动中都起着不可替代的作用，网络心理咨询要实现有序、健康地发展，离不开积极有效的伦理建设。

隐私保密和无辜第三者的保护是心理咨询伦理守则的基本要求。从这个案例和分析，我们可以清楚地认识到心理咨询的伦理性以及伦理建设之于心理咨询活动、咨访关系乃至无辜第三者的重要意义。因此，我们相信，在网络社会，传统伦理依然有着不可替代的作用。虽然网络社会是虚拟的，但网络交往和虚拟生活与现实世界仍是不可割断的，在这个意义上，网络心理咨询伦理是通过网络进行的心理咨询活动应该遵循的道德规范和行为准绳，是一种能够融合虚实两界和联结咨访双方的价值判断体系和行为观念体系。作为一种职业伦理，网络心理咨询伦理对咨询师、来访者和行业发展都非常重要。对咨询师来说，它可以规范其的行为，让其在遇到伦理困境时有规可查、有章可依；对来访者来说，它可以保障其最大利益，减少不必要的损害；对行业发展来说，它可以提升行业发展的专业水平和道德水准，是行业稳定发展、走向成熟的显著标志之一。因而，加强网络心理咨询伦理建设必须予以关注的重要现实课题。

（二）网络心理咨询的基本伦理原则

结合目前有关心理咨询伦理和网络伦理的有关研究以及国外心理咨询的理论与实践，提出一些网络心理咨询的基本伦理原则。

1. 善行

在医学伦理学和心理咨询伦理学看来，善行是一种有益于他人的义务和责任，即，"为了他人的福祉而采取行动的伦理价值观和伦理原则，意味着对他做好事"；是"一种无私的伦理价值观，关心他人，与人共享，助人且慷慨地对待他人"。"既然咨询师宣称他们是专业的助人者，那么他们就有职责为那些求助的人提供真正意义上的帮助。"

因此，中国心理学会《临床与咨询心理学工作伦理守则》（第一版）总则对"善行"的解释是：心理师工作目的是使寻求专业服务者从其提供的专业服务中获益。心理师应保障寻求专业服务者的权利，努力使其得到适当的服务并避免伤害。

而对咨询师来说，首先应该要求自身是善的，应该有关爱他人的价值观念，乐于帮助当前的和潜在的来访者；其次要求以助人的精神投身到心理咨询专业活动中，具备专业能力，以专业的手段尽力开展工作，为他人和公共福祉贡献力量；最后，要求履行自己的责任，能够提供允诺的咨询服务，尽力帮助来访者解决存在的问题。对来访者来说，也应该履行相关义务和责任，比如，配合心理咨询工作者的咨询工作，按照约定给付相关费用等。

2. 自主

自主是一种为个人的行动提供指导的伦理价值观和伦理原则，即在不妨碍他人自由的前提下做选择的自由（当然也要为自己的选择负责）。

在医学伦理学和心理咨询伦理学看来，自主这一伦理原则是对患者（来访者）自主权利（包括自主知情、自主同意、自主选择等）的尊重和保护。心理咨询情境下的自主原则意味着"来访者有权决定自己的思想、行动、未来以及操控自己的行为"，而咨询师要尊重来访者的这一权利。

具体来说，在心理咨询活动中，咨询师有义务主动提供适宜的环境和必要的条件，以保证来访者充分行使自主权，尊重来访者及其家人的自主性和自主决定，保证来访者自主选择咨询师，事先取得来访者的知情同意。对于咨询师来说，"咨询师或治疗师不去对来访者的决定进行不必要的干扰，他们就可以为来访者创造自主的环境。同样，他们可以用坦率、诚实和易于理解的方式向来访者提供必要的信息，鼓励和促进自主性"；当然，对于来访者来说，"这样做的基础是这位来访者有能力以自主的态度使用这些信息"。

3. 尊重

作为一种伦理价值观和伦理原则，尊重"包括尊重尊严、价值、个体差异以及所有个体的隐私、保密和自我决定的权利"。来访者享有人格权，是尊重原则的道德合理性的基础。尊重原则是现代医学伦理学的根本伦理原则之一，是医学人道主义基本原则的必然要求和具体体现，是建立和谐的咨访关系、保障来访者权益的必要条件和可靠基础。

在心理咨询中，对人的尊重意味着尊敬所有人的尊严和价值以及隐私、保密和自我决定的权利，它包括认识到那些由于其自身弱点损害了其自主决策的来访者或是其他人，或许需要特殊的预防措施来保护他们的权利。它意味着意识到并且尊重文化、个体和角色的差异，包括基于年龄、性别、性别认同、民族和种族、文化、残障、语言和社会经济地位的差异。进而，它意味着尽力减少基于这些因素的偏见所造成的影响以及无意识地参与和纵容他人的偏见行为所造成的影响。

4. 诚信

诚信是伦理学的重要范畴。我们立身处世，应当以诚信为本。在中国传统伦理思想看来，"诚"更侧重于道德主体的内在实有本质，所表述的是人的基本德性和精神；"信"则多指人与人之间的多向或双向道德要求，是对"诚"的道德践行或是外化。"诚"是"信"的基础，信是"诚"的表现，二者是相辅相成、相互贯通的，体现了知行合一的道德要求。"然诚者，真实无妄，安得有恶！"

诚信包括诚实、忠诚，确保信守承诺。在心理咨询与治疗中，诚信"主要讲的是承诺的兑现以及承诺的真实性。诚信原则意味着忠诚。咨询师必须将来访者的利益放在自己的利益之上，并且对来访者忠诚，即使这种忠诚会给咨询师带来不便或不舒服的感觉。诚信原则衍生自咨询师和来访者之间最核心的关系——信任。如果咨询师的言语或行为不可靠，则没有信任可言。"因此，诚信就是要诚实无欺，信守诺言，言行相符，表里如一。"因为通常认为信任的联结在咨询关系中对其效果至关系重要，所以这个原则对于心理咨询与治疗中的个体有特殊含义。"

在网络心理咨询过程中，由于网络心理咨询活动是在虚拟世界中进行，诚信原则对咨访双方具有比传统心理咨询更加重要的意义。可以说，诚信是网络心理咨询关系建立的基础，是网络心理咨询过程得以进行的保障，是网络心理取得满意咨询效果的前提。

5. 公正

罗尔斯在《正义论》中提出了两个著名的正义原则：其一，每个人对于其他人所拥有的和最广泛的基本自由体系相容的类似自由体系都应有一种平等的权利；其二，符合正义的社会和经济的不平等应这样安排，使它们：①在与正义的储存原则一致的情况下，适合最少受惠者的最大利益（缩小差别原则）；②依赖于在机会公平、平等的条件下职务和地位向所有人开放（机会均等原则）。

网络的发展带来了利益和权利格局的变化，罗尔斯的两个原则不仅有助于我们在由此可能带来的不平等中寻求正义，而且还兼顾了公正与效益。对网络社会来说，意味着对每个网络主体都是一视同仁，它不应该为某些网络制定特别的规则并给予特殊的权利。作为医学伦理学原则的公正，"是现代医学服务高度社会化的集中反映和体现，其价值主要在于合理协调日趋复杂的医患关系，合理解决日趋尖锐的健康利益分配的基本矛盾"。

公正就是要平等地做事。"这一原则要求咨询师和治疗师在从事专业活动时尊重所有人的尊严并避免偏见。"在网络心理咨询过程中，公正要求咨询师公平正直地对待每一位来访者，人人平等，没有偏私。咨询师及其组织有义务确保在提供服务方面没有歧视，包括他们的行为方式也必须减少对他人的歧视。此外，即使是在网络心理咨询过程外，来访者也应平等地享有获得其他资源的权利和机会。

6. 无害

在网络社会中，网络不道德行为很容易给其他的网络道德行为主体造成伤害，且由于网络连接的广泛性和快捷性，这些不利影响很可能非常迅速地使其他更多网络道德行为主体受影响。因此，根据无害原则，网络道德行为主体不应该利用计算机和网络技术，给其他网络道德行为主体和网络空间造成直接的或间接的伤害。

在医学伦理学中，"不伤害原则的真正意义不在于消除任何医疗伤害（这样的要求既不现实，又不公平），而在于强调培养为来访者高度负责、保护来访者身心健康的咨询伦理理念和作风，正确对待医疗伤害现象，在实践中努力避免使来访者免受不应有的医疗伤害。"

在这个意义上，无害原则还体现一种"医者"的责任与担当。网络心理咨询的咨询师要有责任意识，不给来访者造成身体上、精神上的伤害和经济上的损失。对一些不适合进行网络心理咨询的问题（如暴力或受虐、自残自杀他杀倾向、性虐待、幻觉幻听、严重精神病、药物或酒精滥用等）应及时转介。此外，咨询师还应做好对其他无辜第三者的保护。

（三）网络心理咨询的主要伦理问题

1. 资质能力和身份确认问题

在心理咨询开始前，来访者有权了解咨询师的职业资格、受训背景和胜任能力的佐证材料，这在传统心理咨询中较易操作，来访者可以要求咨询师出具有关证书、证明、资料，并当面鉴定真伪。但在网络心理咨询中，这个操作就变得困难起来，尽管咨询师可以出具有关材料的电子版，但来访者仍然无法验证其材料的真伪，更无法确定向自己提供心理咨询的是不是咨询师本人。对咨询师来说，在资质能力和身份确认上，是否应该建立专门的职业资格准入制度？是否要建立心理咨询职业资格证和营业执照数据库以便查验？咨询师的专业能力是否还应包括熟练使用计算机能力和媒介心理学、传播心理学、网络语言学、多元文化方面的知识？当服务的对象（来访者）跨越国界时，咨询师的专业资格能力如何被来访者所在地的当地政府承认？这都是需要考虑和解决的问题。"现存的许多培训机构由于以盈利为目的，这些'速成'的咨询师大多缺乏临床咨询经验并且理论功底也较浅，因此一大批不合格的咨询师就这样流向了各个工作岗位，这也就使得心理咨询这一'朝阳职业'变成了'高危职业'。另外，还有些学校为了节约成本，学校内部启动培训机制，将一批辅导员或专职做学生工作的人员进行培训，当然不可否认初衷是不错的，但是这样的培训效果应该是要打折扣的，这些人员从事网络心理咨询的资质值得商榷。"

可见，咨访双方的身份确认问题，在网络心理咨询情境下表现得更加突出。一方面，如前所述，由于网络的隐匿性，来访者无法确认咨询师是不是本人（事实上，我国还有许多咨询师提供匿名服务，这实际上是不符合国际惯例和伦理要求的）；另一方面，由于来访者身份是可以隐匿的（这促进更多来访者大胆、放心地选择网络心理咨询），咨询师更不知道来访者的真实身份、是何许人也，如果出现保密例外的情况（如帕特丽夏案例中罗思想杀老板），可能影响采取及时有效的处理措施。美国心理咨询协会（ACA）《伦理守则和实务标准》明确规定，拥有网站的咨询师需要做到：和相关的国家认证协会和职业资格认证协会建立电子链接，以保护来访者的权利，也让来访者方便处理伦理问题。

同样，对于来访者，有学者认为，来访者在网络咨询中虽然有些信息是可以不暴露的，但仍需提供必要的基本资料以确认其真实身份。也就是说，在实际的网络咨询中仍需确认来访者的真实身份。但也有学者建议，来访者需提供身份和住址证明列入网络咨询知情同意的内容。

2.隐私保密与安全保护问题

保密原则是指咨询师有尊重来访者隐私的义务，应该采取适当措施保护来访者的各种信息和隐私权，不得将来访者的信息透露给其他人。保护原则是指咨询师有责任保障可能的受害者（来访者或者其他人）的权益特别是人身安全。中国心理学会《临床与咨询心理学工作伦理守则》（第一版）规定：心理师有责任保护寻求专业服务者的隐私权，同时认识到隐私权在内容和范围上受到国家法律和专业伦理规范的保护和约束。

心理师应清楚地了解保密原则的应用有其限度，下列情况为保密原则的例外：①心理师发现寻求专业服务者有伤害自身或伤害他人的严重危险时。②寻求专业服务者有致命的传染性疾病等且可能危及他人时。③未成年人在受到性侵犯或虐待时。④法律规定需要披露时。

在遇到上述①②和③的情况时，心理师有向对方合法监护人或可确认的第三者预警的责任；在遇到上述④的情况时，心理师有遵循法律规定的义务，但须要求法庭及相关人员出示合法的书面要求，并要求法庭及相关人员确保此种披露不会对临床专业关系带来直接损害或潜在危害。

在网络环境下，关于保密和保护的伦理问题更加受人关注。"人的姓名、性别、身体状况、家庭状况、财产状况、社会生活背景资料在网络的空间中将会是一连串的符号，个人资料可能在网上被人截取、出售和利用，结果导致你在网上成为'透明人'。"因此理论上讲，互联网上没有秘密可言，信息只要上了互联网，就有被任何人获取和利用的可能性。"在网络条件下，咨询师与来访者之间通过网络形式展开咨询与交流工作，这就使得这种形式的互动暴露在网络上，而很有可能成为一种人人都唾手可得的资源。"这给来访者的个人隐私泄露带来很大风险，也给咨询师为来访者的资料保密增加了挑战。"这些问题包括由计算机病毒以及黑客入侵等造成的资料破坏或丢失。此外，需要保密的资料遭到无关人士的阅读、复制、修改、删除等也是网络心理咨询中不够安全的问题所在；而计算机的功用与多用途性也容易造成咨询信息的泄漏，其操作不当也可能造成咨询资料的丢失。"

当然，与传统心理咨询有所不同的是，网络心理咨询中保密与保护与咨询师和来访者双方都有关系，这是因为，咨访都处在网络状态下，都有可能导致信息泄露。从这个角度来说，网络心理咨询中来访者和咨询师一样应当承担一定的保密和保护责任。

3.知情同意与尊重自主问题

知情同意是医学伦理学非常重要的基本原则，为国内外医学界所广泛接受，知情同意有两条法律基础和三个基本要素。两条法律基础是：第一，个人自决，即每位患者都有权决定对自己的身体做什么或不做什么，源于宪法中的个人自由权利。在临床实践中，知情同意是患者的权利，也是医生的基本道德义务。第二，医患关系的受信托实质，要求医生有责任善意告知患者其病情的事实情况。三个基本要素是告知、自愿及能力。告知是指在患者做出知情同意之前，医生有义务和责任告知患者的病情、治疗的目的和性质、治疗的利弊及其他治疗方法，患者在未被充分告知的情形下做出的知情同意，在法律上会被视为无效同意；自愿是指患者在做出知情同意的过程中，不受外界的利诱或胁迫，患者的决定应是自愿自主的；能力是指患者作为知情同意的法律主体，应当具有法律所要求的行为能力。这三个要素之间是相互联系、缺一不可的。

知情同意一般主要指向患者（来访者），医生（咨询师）也有获得患者（来访者）有关情况的权利。斯皮内洛对"知情同意"解释是："'知情'是某人对某事自愿表示出意见一致的意思。要使得同意有意义，前提必须是某人对某事'知情'，即他知道即将发生的事件的准确信息并了解其后果"。

心理咨询中的知情同意主要是指在心理咨询与治疗中，咨询师有义务向来访者清楚地说明和解释咨询或治疗的相关信息（如治疗目的、风险、收费、保密和保密例外等）。若来访者是未成年人或没有自主能力的人，应该告知来访者的家长或其他法定监护人，这是来访者的知情权。在了解这些信息后，由来访者自主决定是否接受咨询或治疗（包括评估和干预），做哪些咨询和治疗。这是来访者的同意权。从伦理学原理来看，这是尊重原则和自主原则的具体体现。但是，知情同意在网络心理咨询中很有可能陷入两难境地。"一方面网络心理咨询师可能获取不到详细的关于心理问题的真正信息，因为仅仅通过语言文字获取的信息而忽略非语言信息的补充作用是不全面和不全可信的，这样的情况下也不可能真正制定有效的咨询方案，另一方面来访者通过网络方式所获取的咨询方案并非真正行之有效，从这个程度上来讲，这种所谓受到尊重的知情权是没有任何意义的，既破坏了咨询师的知情权，又伤害了来访者的知情同意权。"

4. 双重关系与多重关系问题

尽管心理咨询伦理守则都不鼓励甚至明令禁止双重关系，但是在实践中，从业者还是经常遇到双重关系的困境或者与来访者发生双重关系。有调查表明，双重关系问题在所有伦理投诉问题中的比例是23%，还有研究指出，双重关系问题是高校咨询中心报告的第二高频伦理困境。

在网络心理咨询中，咨询师与来访者更容易发生双重关系（多重关系）。这是因为，网络具有很大的隐匿性、自由性和开放性。一方面，咨询师根本无法确认来访者的真实身份，也许来访者本就是咨询师的学生、亲戚或者朋友，甚至家人，这让双重关系的发生有点"猝不及防"。另一方面，虚拟环境和隐匿身份在一定程度上弱化了道德考量，为双重关系的发生提供了更多潜在可能性。比如，咨询师有可能通过网络向来访者推销药物等物品，咨访双方陷入亲密关系的可能性也更大。

5. 其他方面的伦理问题

因为网络的特性，相比传统心理咨询，网络心理咨询的伦理更显多样而复杂，除了上述主要的伦理问题外，还涉及其他很多方面。比如，咨询费用方面的伦理问题，心理测量、评估和诊断方面的伦理问题，咨询及治疗方法方面的伦理问题，咨询效果检验、评估和保障方面的伦理问题，对咨询师咨询活动评价和考评方面的伦理问题，对于咨询投诉接受和处理方面的伦理问题，教学、培训方面的伦理问题，研究与发表方面的伦理问题等。

此外，督导伦理也更突出，如对实习咨询师如何督导、督导的责任与能力如何体现、督导与实习生之间的双重关系等。对于风险评估及处理、对于网络应激事件的应对与处理、在咨询过程中紧急情况的处理等都面临更多伦理困境。关于咨询师和咨询机构利用网络进行广告宣传引发的伦理问题也似乎更加突出，如有些咨询师和咨询机构对咨询或治疗效果做夸张和失真的宣传，甚至利用网络欺骗诈骗、利用网络推销药物赚取差价等。特别值得一提的是，由于互联网是全球性的，国际的网络心理咨询理论上已没有限制，这就会带来跨文化的伦理问题（如咨询师专业资质能力或职业资格能否被承认）。

第六章 朋辈机制建设在校园心理危机干预中的应用

第一节 朋辈机制建设在校园心理危机干预中的作用

一、朋辈辅导的含义及特点

朋辈含有"朋友"和"同辈"的意思，可以包含两层含义：一层是年龄相同或相当，另一层是有相同或相似的生活境遇。因为这两点相同，朋辈属于同一个社会群体，拥有相同的经验体会、价值观念和生活方式，于是有许多共同关注的问题。

朋辈辅导又称朋辈咨询（peer counseling），是经过一定培训，具备基本助人技能的人对朋辈的咨询和辅导活动。马歇尔夫认为，朋辈咨询是"非专业心理工作者经过选拔、培训和督导向寻求帮助的年龄相当的受助者提供具有心理咨询功能的人际帮助的过程"。因此，朋辈咨询虽然也是一种同伴之间的互助行为，但不同于一般的同辈互助，助人者经过专业培训，带有一定专业色彩，朋辈咨询比一般的朋辈互助的有效性更强，作用更大。

与专业的心理咨询相比，朋辈咨询的形式、方法要求等方面均有一定差异，一般认为，朋辈辅导有以下几个特点。

（1）认可度高。朋辈辅导发生在相互熟悉的同学、朋友间，大家彼此了解，有较好的人际关系基础，能够彼此接纳认可，原来的认可能够在咨询辅导中发挥积极作用。

（2）影响力强而持久。根据人际关系的理论，人际关系越近的人们之间的相互依赖和影响就越强，朋辈辅导的助人者和求助者之间生活于同一群体，能够较长时间地发挥作用，而且基于原有的人际关系，影响力更强。

（3）义务参与。朋辈辅导是自愿帮助同伴的现象，是一种利他的、奉献爱心的行为，不涉及费用问题，这不同于专业心理咨询，后者是一种合同式的职业性人际关系，有服务提供和报酬获得的关系。

（4）简便有效，直接干预。朋辈辅导中助人者与求助者共同生活，空间距离近，交往频繁，能够最快发现问题，及时提供帮助，可以对求助者的言行进行直接监督和干预。

当然，朋辈辅导也存在一定的问题。

首先，是朋辈辅导并非专业心理咨询，其助人的专业性不强，被称为"准职业心理咨询"。

其次，助人者和求助者生活在同一群体，出于自我保护的考虑，求助者对自己隐私性问题的暴露会有顾虑，所以帮助深度有限。

最后，朋辈辅导人员并非专职的咨询人员，有自己的学习或工作，只能在业余时间提供帮助，助人的时间受到一定的限制。

二、朋辈互助在防范校园危机事件中的作用

校园危机事件的预防和早期干预是一个系统工程，需要学校、家庭、社会等多方面的支持与协助，从学校角度来说，除了建立健全心理危机的三级（或五级）预防机制，加大心理健康教育的力度，开展个别咨询及团体辅导等措施外，充分发挥朋辈互助作用，及时发现存在心理危机的学生并给予恰当的处理是防范校园危机事件的重要环节。朋辈互助在防范校园危机方面所起的作用可以体现在以下几个方面。

（一）朋辈辅导员的设立和培训有利于提高学生心理危机意识

在宿舍、班级等范围内设朋辈辅导员本身就可以使同学更加关注心理健康，让朋辈辅导员掌握心理危机干预、自杀预防等方面知识，在同学中宣传心理健康和心理危机相关知识和心理危机的求助途径等，可以提高学生的心理健康水平，更好地认识和了解心理危机，提高发现和解决心理危机的意识。

（二）朋辈互助可以及早发现危机事件

朋辈辅导员生活在同学中间，熟悉校园生活和各种可能导致学生心理危机的事件如失恋、考试失败、人际关系紧张等，当出现这些情况时，可以及时评估是否会导致心理危机，对于出现心理危机的同学，及时介绍到学校咨询中心接受危机干预。及早发现心理危机，把问题解决在萌芽状态，是减少危机影响的一个重要方面，朋辈辅导员数量多，分布面广，可以在更大范围里发现出现心理危机的同学。一个朋辈辅导员不用做太多工作，只需关注有限范围内可能出现危机的同学就可以起到早期发现的作用。

（三）朋辈互助可以对危机事件进行早期干预

掌握一定危机干预知识和基本技巧的朋辈辅导员在周围同学出现心理危机时，不仅可以起到发现的作用，而且可以协助专业咨询老师进行危机干预。在心理危机刚刚出现时，朋辈辅导员可以通过倾听、交流、提供支持等技术帮助同学舒缓紧张情绪，在第一时间给同学以支持。在专业老师进行心理危机干预过程中，朋辈辅导员可以起到对危机同学的陪伴作用，从朋友的角度了解危机同学的学习生活状况，与危机干预教师及时沟通，以便危机干预更加及时有效。在陪伴过程中，还可以掌握危机同学的心理和行为状况，以防范意

外事件的发生。

（四）朋辈互助可以进行危机后的康复与辅导

在专业老师的帮助下，经过一定时间的调适，出现危机的同学已经度过了情绪最恶劣的时期，但挫折打击的影响会持续较长时间，而且心理危机与人的个性等因素相关，危机干预难以做到一劳永逸，出现过心理危机或自杀行为的学生是危机预防的重点对象，朋辈辅导员可以长期关注本班或本宿舍出现过心理危机的同学，帮助其解决学习生活中出现的各种问题，防范再次出现心理危机。

三、朋辈辅导的招募、培训与组织管理

作为学生心理健康教育和思想政治工作的重要一环，朋辈辅导活动一般由学校学生管理部门或心理咨询中心组织和实施。在有专业心理咨询中心的学校，心理咨询中心责无旁贷地承担朋辈辅导的组织管理工作，在没有咨询中心的学校，学生管理部门可以组织管理朋辈辅导活动，但应聘请心理咨询专业教师担任专业培训和督导工作。朋辈辅导人员的招募工作包括确定基本条件、宣传广告和选拔三方面。根据朋辈辅导的目的和任务不同，确定招募的范围和基本条件，高校朋辈辅导员一般要求是高年级学生或研究生，学习成绩良好，心理健康，无不良嗜好，有较强助人意愿，有良好沟通交流技巧，有合理管理时间的能力等。

将基本条件条理化，整理成招募海报，在校园布告栏、学校网站、BBS 站点等媒体发布，也可印制招募宣传单页，在目标人群较为集中的场所发放。朋辈辅导员报名时应填写申请书和相关表格，申请书里应提供自己的基本信息，包括学习经历、辅导和助人经历、自己的特长和愿意辅导的对象等。报名结束后组织者根据资料对申请人进行初步筛选，挑出符合基本条件的申请人进行面试。面试应着重考察申请人的助人意愿和沟通能力以及是否具备成为辅导对象学习榜样的条件，通过面试的人员进入培训环节。

培训工作是朋辈辅导工作的重点，培训内容一般包括以下几个方面。

朋辈辅导基本原理和要求，包括开展朋辈辅导的目的、意义，朋辈辅导的规范与要求等。

沟通技巧培训，包括倾听、提问、共情、反应等技巧，沟通中尊重、热情、真诚的态度等。

心理健康和心理咨询基本知识，让朋辈辅导员了解常见心理问题的表现及原因，处理情绪和行为问题的方法、心理咨询的基本过程和原则等。

常用心理辅导的理论与方法，如理性情绪疗法、行为训练法等，虽然不能在短期培训中掌握所有方法，但可以让朋辈咨询人员熟悉几种常用方法的要求及运用。

个人成长训练，包括认识自我、自我价值观剖析、提升自我认同与自信心培养等。

朋辈咨询常见问题及处理，教给朋辈辅导员处理校园常见问题的处理技巧，解决方

案，作为他们以后工作的参考。

自杀和危机干预的知识及技巧，介绍自杀的危害及影响，自杀的前兆表现，容易出现自杀的人群，自杀预防和转介的要求等自杀相关知识以及危机干预的方法与过程等。进行培训后进行考试，对申请人进行再次筛选。

朋辈辅导员的组织管理是一项长期工作。管理工作包括工作规范的制定，专业督导和交流机制的建立，朋辈辅导效果评价和激励制度的建立等方面。对朋辈辅导的工作领域有必要做专业的区分和工作范围的区分，专业区分是指专长于某方面的问题进行朋辈辅导，如学业辅导、人际关系辅导、校园生活适应辅导等，工作范围区分指在班级、宿舍、小组等不同范围内进行的朋辈辅导。根据不同专业或工作范围的特点制定相应的朋辈辅导要求，包括如何建立帮助关系，朋辈辅导的工作流程，转介的条件和要求等。在朋辈辅导员工作期间，专业督导和交流十分重要，因为与专业的咨询人员相比，朋辈辅导员的专业基础较差，在工作中会遇到各种问题，也会在辅导活动中导致自身心理状态受到影响，应定期组织朋辈辅导员交流工作体会，由专业心理咨询教师对朋辈辅导员进行督导，并经常开展在职培训，不断提高朋辈辅导员的业务水平。对朋辈辅导活动，应建立案例记录制度，由督导老师对做过的案例进行分析和评价，评价的目的一方面是进行案例分析，帮助朋辈辅导员解决案例中存在的问题；另一方面是对朋辈辅导员的工作效果进行比较，配合奖惩制度的建立，调动朋辈辅导员的工作积极性。

四、通过朋辈互助防范校园危机事件的方法

朋辈互助可以在多个层面发挥积极作用，从防范校园危机事件的角度可以从以下几个方面开展工作。

（一）培养覆盖全校学生的朋辈辅导员

班级心理委员是许多学校朋辈辅导的一种做法，在校园危机的预防方面发挥了积极作用，但从心理危机预防的实际工作需要角度，一个班设立一名心理委员还不够，班级应该以心理委员为核心，成立朋辈辅导小组，根据班级人数多少和男女生比例，设若干数量的朋辈辅导员，每个朋辈辅导员负责3~5名同学，做到每一位学生都在朋辈辅导的网络中。朋辈辅导小组定期活动，互通消息，交流经验，共同学习。

（二）朋辈辅导员应有明显的标志

经过一定培训的朋辈辅导员身份应公开，可以设计一定的标志，在宿舍悬挂或在朋辈辅导员身上佩戴，同学们看到标志就能想到朋辈辅导，标志可以让每位同学都知道朋辈辅导，在出现心理问题的时候能够及时寻求帮助。

（三）开设朋辈辅导热线

不少学校开设了朋辈辅导热线，用电话寻求朋辈帮助简单方便，而且可以满足一些同

学不愿暴露身份，不愿当面交流的愿望。电话热线可以在下班时间开通，正常上班时间咨询中心老师可以提供危机干预服务，下班时间朋辈辅导热线能够担当提供倾诉渠道、宣泄学生情绪、发现危机学生的任务。有条件的学校可以在节假日和平时晚 6 时到次日早 8 时开通热线，为学生提供 24 小时的全天候服务。

（四）和危机学生结对子，进行一对一的帮助

对于出现心理危机的同学，由一位他能够认可的，有能力帮助他的朋辈辅导员结成对子，进行长期的帮扶，例如，学习困难的同学与本班或高年级学习好的同学结对子，调动学习积极性，培养良好的学习习惯，解答学习中遇到的问题。长期固定的帮助关系的优点在于经过一定时间的接触，双方更加熟悉，关系更为稳固，帮助也更具针对性。

（五）结合心理危机三级预防体系

建立三级预防体系让班级、院系和学校以危机干预为中心形成一个有效的工作机制，朋辈互助是这个机制的基础，应明确朋辈辅导员在发现危机学生后的报告途径和程序，以及在危机的发现、干预中所承担的职责。朋辈互助让心理危机三级预防体系有坚实的群众基础，使危机预防体系的工作更加及时和有效，是校园危机预防和干预不可或缺的一环。

五、朋辈心理辅导员在心理危机干预中的作用

要想使大学生健康成长成才，除了应提供必要充足的外在物质条件，还需要使学生拥有良好的内在精神条件，而内在精神条件指的就是健康的心理。只有身心健康的学生，才能树立正确的三观思想、坚定的理想信念，在人生的成长道路上顺利前行，日后成为一名合格的社会主义建设者和接班人。然而，随着当前社会多元文化的影响，大学生的心理健康问题日益突出，国家也随之提出相关意见，要求高校加快心理健康教育工作进程，但鉴于各种主、客观因素的影响，高校心理健康教育专业教师较为匮乏，在此情况下朋辈心理辅导员的介入，不但可以在很大程度上缓解高校心理健康教育专业师资的不足，还能切实起到对大学生开展心理危机干预的作用。

（一）朋辈心理辅导员在心理危机干预中发挥作用的优势

与专业的心理辅导教师相比，朋辈心理辅导员在心理危机干预工作中具备群众基础扎实、同理共情心较强、亲切自然感较强三个突出优势。

1. 群众基础扎实

一般来说，心理有问题的人通常是不认可自身存在心理疾病的，因此面对专业心理辅导教师时会给人一种排斥和抗拒感，这会使得心理辅导工作难以有效开展；而朋辈心理辅导员则完全不同，他们本身就具备良好的群众基础和人际关系。在高校中，朋辈心理辅导员通常以各年级、班级中性格开朗、活泼大方、人际关系良好的学生为主，他们大多是优秀的学生干部、共青团员或是党员分子，这类学生在日常生活和学习中所结识交往的人较

多，相应地，认识他们的人也就比较多，即他们拥有比普通学生更大的社交圈子，在校园内的正向影响力也更强。因此，高校朋辈辅导员可以说是"来源于群众又服务于群众"，这让他们更具备先入为主的鲜明优势。

2.同理共情心较强

朋辈心理辅导员在双重身份上所具备的优势，使得他们与学生之间会有更强的同理共情心，因此更易与心理咨询对象建立顺畅的沟通。对学生而言，他们也更愿意主动敞开心扉，将自己内心的真实想法向其倾诉。基于同龄人共有的爱好、价值观及文化背景，他们之间更易形成理解与沟通，同时他们平常在生活和学习中所遭遇的困难也非常相似，因此朋辈心理辅导员更能站在对方的立场来感受并理解，形成同理共情心。而一些专业的心理辅导教师与心理咨询对象的年龄悬殊较大，心境和立场完全不同，甚至于会存在代沟，所以，在问题沟通上未必会产生有效的感情融通。

3.亲切自然感较强

与专业的心理辅导教师相比，朋辈心理辅导员更具亲切自然感，他们本身来自学生中间，与学生不存在年龄差，且在同样的环境中生活学习，相互的了解程度更高；同时朋辈心理辅导员的语言表达方式和心理咨询对象都相似，不会有强烈的专业压迫感，在沟通交流的时候也不会存在陌生和疏远的感觉，甚至有的还是身边熟悉要好的朋友，所以其心理辅导的过程就如同自然的朋友之间相处，显得非常融洽，然而专业的心理辅导教师就很难与咨询对象产生这样微妙、近距离的感觉。

（二）朋辈心理辅导员在心理危机干预中的作用流程

细心观察和了解，及时发现心理问题。

心理危机干预的重难点就在于能否及时有效发觉个体存在的心理异常问题。通常，存在心理危机的学生会在平时的生活学习中表现出某些异常行为，而朋辈心理辅导员与这些学生朝夕相处，能及时发现并了解身边有心理问题的学生，从而获得解决问题的主动权。在这一过程中，为及时了解学生的心理状况，以便及早发现他们的心理问题，朋辈心理辅导员在每学期开学、期中、期末都要组织学生做心理测试，同时在日常与学生交往的过程中，也要主动关注学生的动态，如QQ、微信、微博等。此外，朋辈心理辅导员要定期参与各项与之相关的培训和学习，洞察并理解心理危机产生的主要根源和具体表现，学习一些简单的干预技巧和流程等。

及时予以汇报，加强信息反馈。

朋辈心理辅导员可参与高校心理危机预防活动，并在日常生活学习中无意识地向身边的朋友、学生宣传和普及心理健康知识、提供心理援助，同时还应主动自发地观察并反馈身边人可能存在的非正常心理状态。心理辅导教师不可能面面俱到地关心到每个学生，而实施朋辈的心理危机干预工作则能恰好弥补这一点，切实起到防患于未然的作用。

基于此，作为朋辈心理辅导员，要定期收集学生日常关心和碰到的心理问题，并以书面形式向心理健康教育中心进行全面反馈。这样可强化高校心理危机干预工作的目的性、针对性以及实效性，确保心理健康教育中心资源的最大化利用，并切实关注到学生内心困扰、迫切需要解决的心理问题，将一些可能萌生的心理问题扼杀在摇篮内，而这也是有效预防大学生心理危机产生的重要途径。比如，当朋辈心理辅导员发觉有学生存在明显的心理异常行为或举动时，应在第一时间将情况汇报给班级辅导员和心理健康教育中心，并积极协助校方采取措施，最大化地降低当事人对自身及其他学生可能产生的心理或身体上的危险。此外，朋辈心理辅导员需要协助收集当事人的生活环境信息，了解其真实性的心理状态、存在的主要心理问题，对问题的性质及严重性做出合理预判，从而为心理辅导方案的制定提供依据。

采取合理措施，做好安全保护。

第一，在各类心理危机事件中，朋辈心理辅导员的首要责任是保证存在心理问题的当事人的人身安全，同时还要以自身的安全为第一前提。比如，要防止当事人私自独处并拿走可能会导致其轻生的危险物品等。朋辈心理辅导员可成立临时的监护小组，轮流对当事人实施监护及心理疏通。朋辈心理辅导员应结合自身的优势，与当事人建立频繁的联系及初步的信任关系，通过语言和行为上的鼓励和支持、理智的问题分析以及内心真诚的慰藉，有效帮助当事人缓解或稳定情绪，这些来自同龄人的鼓励、安慰、劝说及支持对于当事人走出心理困境能起到极大的促进作用。

第二，朋辈心理辅导员要以恰当的方式为当事人提供情绪宣泄的机会，使其能够有效释放不良情绪，使得内心逐渐归于平静。而此时，朋辈心理辅导员应以倾听为主，这样可以帮助身处困境中的当事人逐渐恢复自我思考和判别能力，从而让后续的心理辅导、沟通交流变得更为顺畅有效。如果有可能的话，朋辈心理辅导员可为当事人提供相关事件的信息，因为陷入心理危机的人往往更需要了解真相。朋辈心理辅导员可采用合理的方式方法帮助当事人发觉事件真相，为其传递温情和力量，让他们能正视和面对事实；同时也要为当事人提供选择性的解决措施，提高他们面对挫折和困难时的勇气和决心。

进一步延伸关注，为学生提供帮助。

在当事人心理危机的急性期过去之后，朋辈心理辅导员还应对其予以进一步的延伸关注和帮助，针对某些心理问题严重的学生，务必要做好心理跟踪及辅导工作，使其尽快完全恢复心理健康功能，构建良好的情感支撑系统。基于此，朋辈心理辅导员要尽其所能地给予有心理缺陷的学生更多、更为全面的帮扶。具体帮扶包括以下两个方面：于日常交往时做一名解惑者，针对学生因学习和生活而产生的问题提供帮助，从而避免控因素造成心理危机事件的产生；与有心理缺陷的学生一同参与讲座、沙龙、同辈团体训练等活动，帮助其重构崭新的生活学习秩序等。

（三）朋辈心理辅导员在心理危机干预中的作用效果评估

1.信息获取具备直接性效果

在心理危机干预中，朋辈心理辅导员最大的优势就在于他们与学生之间在年龄、价值观、情感体验、生活方式、人生阅历等方面相同或类似，这使心理干预工作的介入要容易许多。由此看来，大学生针对心理问题的解决途径从高到低依次为自我调节、朋友、同学、家人、专业心理导师以及教师，这表明他们更倾向于找身边的同龄人倾诉心声，而并非专业心理导师、班主任、辅导员这类人群。所以，朋辈心理辅导员在危机信息获取上具备直接性效果。

2.危机干预的灵活性效果

朋辈心理辅导员在参与危机干预的过程中，不会受到时间、地点和空间的局限，其灵活性更强，可与当事人处于一个轻松自在的环境中进行交流，使当事人更为放松，从而愿意主动道出内心的困惑不解，且当事人也更容易接纳朋辈心理辅导员的建议或意见，继而有效提高心理危机干预的作用。

3.沟通交流的简便性效果

朋辈心理辅导员与存在心理危机问题的当事人之间无年龄鸿沟、防御性降低、共通性加大、互动性提高，双方之间存在更为坚固的友谊与可靠的信任，在沟通上极为简单方便，再加上与专业心理辅导的有机结合，能起到相辅相成、事半功倍的成果。

第二节　朋辈机制建设在校园心理危机干预中的机制

一、健全朋辈心理辅导制度

（一）规划适合大学生身心特点的辅导形式

高校学生工作管理部门应化被动为主动，针对部分学生在遇到问题时不愿主动求助心理咨询师，害怕被贴上"有病"的标签等情况，利用朋辈心理辅导员在日常生活中与其建立良好的社交关系，取得学生的认同，通过间接干预的方式，改善学生的周边环境，影响学生的心理健康水平。同时，考虑到部分学生较为腼腆、不自信等状况，高校应完善心理咨询热线、网络云辅导、倾诉邮箱等较隐蔽方式的建设，鼓励他们把内心的真实感受表达出来，通过安慰、支持、鼓励、引导等办法疏导他们的心理问题与压力。

同时，部分少数民族学生来自偏远地区、经济不发达地区，接触社会生活的机会较少、圈子较小，对社会主流文化的认知不足，容易导致他们进入大学后，在面对主流文化时出现不知所措的迷茫感与无助感。高校应大力开展少数民族学生的校园实践、社会实践活动，为他们提供参与校园活动、高校管理与融入社会生活的机会，促使他们了解与认识社会，厘清自身所处的位置与角色，提高学生的心理素质与发展规划能力。

（二）重视学生个性特质的选拔机制

朋辈心理辅导人员的潜质直接影响辅导工作的效果，因此严格的选拔标准是保证朋辈心理辅导有效开展的前提。招募的对象应该有奉献精神、乐于助人、善于倾听与沟通、责任感强、积极乐观的生活态度、接纳自我与他人等个人品质。在招募学员前应该设置科学的选拔标准，包括心理健康水平的要求、个性的要求、助人能力的要求、道德的要求、共情力的要求，可以借助心理测验量表进行辅助考察。

在对朋辈心理辅导员的特质调查中，学生和老师对朋辈心理辅导员的尊重、真诚、共情、倾听等个性素质的要求比专业心理咨询技术更为普遍。高校在进行朋辈心理辅导员的选拔过程中，应立足高校生源中多民族地区学生、多欠发达地区学生的特点，有意识地观察、发现、选拔那些具有积极的思维方式、充满爱的能力和情感、乐于助人、平等待人、诚恳真实、共情能力较强、好奇心和求知欲等良好人格特质的学生作为朋辈心理辅导的可能性人力资源，积极吸纳到大学生朋辈心理辅导员队伍中，或成为班级心理委员等角色，借助有积极思想、正确价值观以及良好人格特质学生自身个性特质的影响力，在关心、耐心的观念交流分享中对他实现启发、引导、感染、激励的作用。

（三）建立专业化的培训机制

1.确立系统的培养方案

高校应确立明确的培训目标，设计标准化、科学化、系统化的朋辈心理辅导员培训方案，明确朋辈心理辅导员的工作职责和角色定位，设计培训课程，设置培训内容、活动形式，提供有效的方法和技能，有针对性地制定不同类型的朋辈心理辅导员培训方案。由于高校部分学生来自少数民族聚居地区，他们在进入大学前，所处的生活环境、文化氛围、价值观念、风俗习惯、教育方式等与现代化大学的情况都有所不同，进入大学对他们来说就是一次全新的社会生活适应过程，与其他学生相比，他们遇到的发展性问题更加复杂，也更容易产生心理冲突与观念矛盾，这一系列的心理体验差异容易导致少数民族大学生出现自我意识不佳、人际交往障碍、学习困境、情感处理技巧等问题。因此，高校应把全体学生的心理健康水平作为总体目标，少数民族学生社会适应与心理健康作为关键目标，在设计朋辈心理辅导员培训方案时，应全面摸底排查全校学生的心理健康状况，在科学化与规范化的原则下，有针对性地设计多类型的朋辈心理辅导员培训方式，如朋辈学业辅导员、朋辈心理咨询员、学生事务综合辅导员培训方案等。

2.设置科学的培训课程

目前，部分高校存在大学生心理健康教育相关课程开设困难、场地设备不足、选课人数多但专业知识教学传播不足等问题，导致心理健康教学效果不佳。通过对一些朋辈心理辅导员培训讲座的实际观察发现，培训内容比较简单、时间较短、人数较多、氛围比较消极、专业性较弱，部分学生在培训时注意力不集中，存在做作业、看手机、睡觉等无关行为。即使心理委员有足够的兴趣，但培训过程中上述问题容易导致"划水"现象，朋辈心理辅导员、心理委员的培训效果整体而言不够理想。

3. 理论知识与实践操作相结合

要明确朋辈心理辅导的培训目标并不是专业的心理咨询师，而是培养能够达到某个朋辈心理辅导目标的非专业人员，朋辈心理辅导员并不需要掌握全面的心理学理论知识与咨询技术，只需具备朋辈心理辅导计划所需的实际操作技能即可。在培训课程的设置中，把朋辈心理辅导的实际操作技能作为重点培训内容，通过播放录像、角色扮演、学生互评等方式，提高朋辈心理辅导员的工作规范性与专业性，有助于提高辅导效果。

（四）健全高校心理督导机制

高校应成立由心理学专业教师、心理咨询师组成的朋辈心理辅导员专业督导团，开展教师团体督导、组织督导、自我督导等多种形式的督导工作，对朋辈心理辅导员实操能力进行监督与指导，对心理辅导工作中遇到的问题及时提供帮助，不断提升朋辈心理辅导员对工作的理解与实操能力。

专业教师、督导教师、专业心理咨询师应每月举办团体案例交流会，现任朋辈心理辅导员、受训学员必须参加，帮助朋辈心理辅导员面对、分析和提高，解决工作中遇到的问题与困惑。提出问题并交流学习，以团队的力量来解决问题，丰富朋辈心理辅导工作经验，提高学生的归属感与自信心。

朋辈心理辅导中心定期举办组织活动，学习前沿技术、探讨困难案例、邀请老师讲授专业动态等。小组是朋辈心理辅导员之间理解、支持、共享的资料库和能量库，可以源源不断地积累能源，辐射朋辈心理辅导员群体。

自我督导重视朋辈心理辅导员的自我学习、自我反思、自我发展能力，有助于朋辈心理辅导员的自我成长和能力提升，这是朋辈心理辅导员快速提升自我认知，实现自助目标的主要途径，要坚持时刻进行自我督导。

（五）构建科学的激励机制

高校人事管理部门对朋辈心理辅导工作的激励可以划分为社会激励、组织激励和自我激励三种。

高校朋辈心理辅导的社会激励机制主要由政策法规因素、媒体舆论因素和社会支持因素组成，高校应响应教育部、教育厅对高校心理健康教育工作的通知精神，执行相关政策文件的要求，宣传心理健康教育工作的开展情况，形成良好的社会声誉环境，吸引社会组织与高校心理健康教育工作合作。

组织激励机制方面，高校行政管理与教学管理部门将朋辈心理辅导激励工作制度化，出台高校朋辈心理辅导激励方案，对朋辈心理辅导员、指导教师进行外在激励和内在激励。外在激励主要包括学生助理酬金、劳务奖励、运营经费、必要的设备、服装与装备等。内在激励形式主要包括荣誉证书、称号、徽章、模范人物评选等。

自我激励机制主要从朋辈心理辅导员内在需求出发，从三方面开展激励：明确朋辈心理辅导员的职责权利，实现自我提升的需要；将朋辈心理辅导工作与个人职业生涯发展相联系，实现自我价值的需要；树立组织目标，满足朋辈心理辅导员的需要。

同时，高校应重视朋辈激励，即朋辈心理辅导员之间的相互价值认同与影响，促进大学生之间价值观的选择和内化。树立团队核心人物，实现朋辈间的榜样激励；借助成员互动形式，实现朋辈间的情感激励；重视朋辈心理辅导员的传、帮、带，实现朋辈之间的过程激励；关注朋辈心理工作站运营，实现朋辈之间的互助激励。

通过学校管理部门的外在激励与朋辈心理辅导员自身的朋辈激励，建立朋辈心理辅导激励制度，改革朋辈心理辅导项目的运营方式，提高学生的参与度和自主权，提供解决心理问题的校内资源获得方式，调动心理委员、朋辈心理辅导员的积极性，建立心理辅导工作的各种载体，达到互助助人、自我成长教育的目标，为大学生心理健康教育发展营造广泛的学生基础和积极关注度。

（六）构建多元主体评价机制

朋辈心理辅导员工作应进行过程性评价与结果性评价，采取自评和他评的方式，评价主体由朋辈心理辅导员、专业教师、来访者组成，通过评价朋辈心理辅导员的实际工作，发现培训和实践工作中存在的不足，及时进行调整和指导，为后续朋辈心理辅导员的选拔和培训提供经验和教训。目前，高校朋辈心理辅导评价以教师评价为主，对来访者的评价机制和自我评价机制建设力度较弱。

1.设置来访者的满意度评价

朋辈心理工作站的学生辅导员应在专业教师指导下，从活动的形式、内容、流程、效果以及满意度，朋辈心理辅导员的控制力、执行力、技能运用等方面设计朋辈心理辅导活动评价表。在每次朋辈心理辅导开始前，学生对过往的朋辈心理辅导活动经历、情况、结果进行描述，表达自己对朋辈心理辅导价值的认知与看法、对朋辈心理辅导和专业咨询的偏好选择；在朋辈心理辅导结束后，以自愿的原则邀请来访学生匿名填写个人对本次朋辈心理辅导的评价。每一到两周的朋辈心理辅导活动结束后，现任朋辈心理辅导员集体召开座谈会，对朋辈心理辅导活动效果和问题进行总结性分析。

2.朋辈辅导员进行自评

朋辈心理辅导目前在国内没有明确的评价体系，朋辈心理辅导工作还需要成长，朋辈心理辅导员在专业和实践方面都需要不断提升与成长。通过不断的学习更新、实践与讨论、督导与评估，才能使朋辈心理辅导工作得到大学生的认可，壮大朋辈心理辅导员队伍，才能更加专业化、高效地实现大学生心理健康教育中预防和解决问题的功能，让我们的校园生活更加稳定、和谐、美好。

3.重视教师的专业评价

专业教师和心理工作者通过录像评析、学生评价表、主题沙龙、现场检讨、个案会商等形式，对朋辈心理辅导员的工作进行量化考核。在综合分析国内外研究成果的基础之上，引进参考性定量评价，邀请学校管理学和心理学教师、心理委员、学生代表等参与座谈，完善指标因素，构建朋辈心理辅导员制度绩效评价指标体系。

（七）调整朋辈心理辅导员报酬机制

高校应将朋辈心理辅导工作纳入学校勤工助学岗位管理体系，由学生工作处（部）、大学生心理健康与咨询中心等专业人员确定人员的定编标准，协助人事等部门明确专业人员的职称待遇，明确学生朋辈心理辅导员工作量的计算办法，落实必要的待遇，实现大学生实践育人、服务育人的人才培养目标。

二、朋辈心理辅导的模式

（一）心理委员

心理委员指的是各个学校在现有自然班级基础上，通过班级竞选而产生的专门负责本班学生心理健康教育知识普及与宣传的班委成员。一般每个班级设置两名，一男一女。心理委员在接受学校专业的心理咨询相关技能培训后，协助学院心理健康教育与咨询中心老师及时发现本班同学异常情况并及时上报。此外，心理委员还需要每月上报本班学生心理健康状况统计表，便于心理咨询中心的老师及时了解和掌握全院学生心理状态。心理委员的产生在一定程度上完善了高校五级危机干预机制，极大提高了大学生的自我管理能力。

1. 高校心理委员的角色及定位

（1）心理委员的选拔与培训。心理委员素质的高低，直接关系到心理健康教育开展的广度和深度。心理委员既要掌握心理咨询的知识和技能，又应具备一定的特质。王梦的研究提出具有高自我效能感的心理委员任职表现更佳。张卫平提出心理委员应具有"助人、奉献、热情、主动"等基本特质。也有研究者认为，在选拔心理委员时，应重视以下特质：敏锐的观察力、理解力，对身边的各种心理问题敏感度强；热心学校心理工作，乐于从心理层面去帮助同学；耐心、宽容，人际关系较好，以健康的心理榜样去影响周围同学；最重要的是，心理委员能遵守保密原则，在对同学进行"朋辈心理咨询"时，做好"信任伴侣"的角色。心理委员因其工作的特殊性，还应具备一定的心理专业知识和心理帮扶技能。比如学生常见心理问题的辨识、初步分析评估问题的能力、心理咨询的谈话基本方式和技巧以及心理危机干预基本流程都是心理委员需要掌握的专业知识与技能。因此，我们需要对心理委员进行专业知识、工作技能、职责认知和职业道德等专业方面的培训，使心理委员的辅导做到专业化和有效性，从而在大学生心理危机干预中发挥其应有的作用。

（2）心理委员的功能定位。罗葆青认为心理委员的工作职责主要有：向周围同学宣传与普及心理健康知识；开展心理互助系列活动并带头参加学校心理健康教育活动；积极组织心理健康教育主题班会并适时进行信息反馈工作；积极参加学校组织的业务培训。朱美燕也强调了心理委员在学校—学院—班级—寝室四级心理健康工作网络中的重要功能机制，特别明确了心理委员在危机干预中的工作职责，主要包括：一是对周围同学的心理健康状况进行监控，做好危机预防、预警与信息传递工作；二是辅助专业心理健康教师的危机干预工作；三是危机干预后，做好对周围同学的心理支持和信息追踪反馈工作。

综上所述，心理委员是志愿者、同行者、学习者、示范者和宣传者，不仅应具有高度负责、乐于助人的品质；而且要能够做到专心倾听、真诚地安慰、理智地分析、合理地劝导；还应通过自己不断地学习更好地掌握助人的一些技能。另外，作为一名心理委员，应该有良好的自我调节能力和较好的心态，从而对同学起到示范的作用。在这些基础上，心理委员还要积极宣传相关知识。

2.心理委员在大学生心理危机干预中的作用

（1）起到预警信息传递员的作用。心理委员在学生与老师之间起到一个上传下达的作用，作为一个危机预警信息的传递员，心理委员可以起到以下三方面的作用。

一是宣传知识。班级心理委员在预防层面应承担的重点工作之一，就是要在班级开展关于心理危机干预知识的宣传和普及活动。心理委员应根据班级同学的需要，组织开展一些丰富多彩的心理健康教育宣传活动，尽可能使活动的内容贴近学生实际，活动形式应多样化，增强活动吸引力。向班级同学宣传心理健康知识，帮助同学掌握心理调适的方法，提高学生的心理自助及助人能力，在班级营造良好的心理健康氛围，为危机干预奠定坚实基础。

二是信息传递。也可以说心理委员在危机发生时充当心理辅助角色，尽可能地在第一时间把握好情况，敏感地捕捉信息，在第一时间做好安抚工作，同时及时向相关老师或者领导报告相关的情况，以利于在最佳时间解除危机。

三是信息追踪反馈。危机发生后，心理委员要充当心理支持者的角色，及时追踪反馈信息。危机事件预涉需要耐心和细心，经常性跟进，单靠老师或者是心理咨询师一两个小时的谈话或咨询是不够的，需要更细致的观察。这个时候，心理委员作为基层工作人员的无可比拟的优势就显现出来了，心理委员具有一定的专业技巧，并且能够打入同学们的内部中去，有利于及时跟进信息更新信息以及向相关人员报告情况。

（2）积极参与干预。并不是所有在心理上遇到问题的学生都会主动到心理咨询室求助，甚至于有些学生对于心理咨询还存在一定误解，这就间接阻碍了心理咨询工作的顺利进行。心理委员则与同学们朝夕相处，能够很好地走进这些同学的心里，也更容易获取到第一手的资料。这既有利于对这些同学的心理问题进行积极的干预，也能对老师的工作起到一定的辅助作用。作为心理委员还应认真贯彻落实学校及院系安排部署的心理健康教育工作任务，协助学校心理健康教育机构做好学生心理健康普查和建档工作，定期排查班级中可能出现或即将发生的心理危机事件，及时进行干预，若有必要，还应及时向学校有关部门和人员报告；也应积极帮助有心理问题的同学及时前往心理咨询室（辅导室）接受心理咨询，负责向心理辅导教师报告同学的表现，以便加强对接受咨询学生的跟踪及反馈。

（3）进行朋辈辅导。何思彤等人的研究认为，心理委员容易成为学生的朋友，在同学中可以起到朋辈咨询员的作用。在我国，由于心理学起步比较晚，这就直接导致我国的心理健康教育工作发展更晚，许多人对于心理咨询以及心理教育工作还比较陌生，或者说缺乏正确的认识，大多数人不愿主动求助。在大学生看来，他们更愿意向同学或是朋友倾诉自己的问题。针对这一特点，可以采用朋辈心理辅导的方式，也就是班级心理辅导的方式来解决问题。所谓朋辈心理辅导就是让心理委员扮演咨询师的角色，定期开展班级心理辅导，这样做既能调动心理委员工作的积极性，同时也有利于同学们正确地疏导自己。

（4）提供心理支持。心理委员应该运用所学习到的心理学的方法和技巧对那些需要帮助的同学进行科学的援助，而不仅仅是停留在朋友层面上的倾听、同情和理解上面，这样才能更快更有效地帮助他们走出危机，同时还可以教授受助者一些比较简单却比较实用的及时疏通情绪的小技巧。这样，即使第一时间没有找到求助的人，受助者的情绪也不会进一步低落或烦躁。

（5）协调各方关系。心理委员就好似老师的助手，在老师和学生之间起到桥梁和纽带作用。心理委员是沟通老师和学生之间的桥梁，他们在班级生活中扮演着重要的角色。心理委员在每个班级的设立是学校重视和关心各个学子心理健康的表现。被选出成为心理委员的同学具有更多心理知识，同时他们对自己和他人心理健康的关注程度也远远高于其他普通同学。在学校生活中，他们会注意观察其他同学的心理状态、行为表现，及时做出反应并引导这些心理有异常状况的同学去心理健康教育中心咨询。有时候，面对心理问题比较严重，而又因为某些原因不愿意去咨询专业心理老师的同学，心理委员就会及时向有关老师反映情况，在不伤害这些同学隐私的情况下会有专业的心理教师进行危机干预。心理委员的积极工作和专业态度让同学们能更加深入地了解心理知识。

（6）做好危机干预后期的支持工作。目前，心理咨询方面的专业人员还是比较缺乏的，这导致同学们不能及时得到专业的心理引导；有许多同学认为，接受心理咨询是非常羞耻的，他们受到传统思维的束缚，认为只有心理变态的人才会去做心理咨询，一旦被自己的同学或是认识的人看到自己去咨询，那么自己就会被同学嘲笑。因此，专业的心理健康教育中心还是有许多"死角"难以触及。从这方面来讲，心理委员的设立在一定程度上弥补的上述不足，而且由于心理委员是由同学们票选出来，他们更易亲近同学，在一定程度上弥补了专业心理咨询人员缺乏的不足，可以在个定程度上帮助不愿去学校心理咨询中心咨询的学生化解心理危机。除对危机当事人进行心理干预外，还应在危机后干预阶段向当事人提供必要的心理支持和对其进行跟踪反馈。在这一阶段同样需要心理委员的参与。一方面，在经历危机之后，危机当事人仍存在一定的心理波动，这时候其更加需要一定的心理支持；另一方面，心理委员能够对相关的信息进行及时反馈，从而有利于更好地评价危机处理的效果。

（二）朋辈心理咨询员

朋辈心理咨询员是指具有心理学背景的研究生或本科生在接受专业的心理咨询培训与督导后对本校学生开展专业心理咨询的人员。朋辈心理咨询可以在固定的心理咨询室面向同龄人开展也可以在自然情境中开展，属于一对一咨询，具体的咨询方式有网络咨询、聊天、电话咨询、面对面咨询等。朋辈心理咨询员由于具有专业的心理学背景，可以在简单培训后直接上岗，既弥补了高校心理咨询师队伍人手不足的问题，又让心理咨询师更贴近来访者的现实生活，同时也为这些朋辈心理咨询员以后走向社会提供了实践平台。

1. 培训前的筛查方式与内容

在对朋辈心理咨询者进行培训之前应该先进行相应的筛查，选择适合作为心理咨询者的个体，进行相应的培训。当前，研究者已经开始采用相关的测评方式来筛选咨询员，但不同研究者所采用的评定方式及筛查标准也并不相同。应采用什么样的工具、从哪些方面进行考察才能更能有效地筛查出朋辈心理咨询中适合作为心理咨询员角色的人员，应该是专业心理咨询人员尽早解决的一个重要问题。

2. 心理咨询中的督导与疏导

作为朋辈心理咨询中的心理咨询员，由于咨询对象具体情况并不完全相同，所咨询问题轻重也有所不同，因此专业教师应建立科学合理的督导制度和后续的培训制度，同时，根据心理咨询员所遇到的实际问题和困难，及时给予指导帮助，同时在心理咨询员咨询过程中进行督导，使得"助人"目的能真正实现。同时专业咨询教师应定期对心理咨询员进行心理疏导，排除其心理垃圾，帮助其在朋辈心理咨询过程中自我成长。

3. 朋辈心理咨询的衔接

在高校朋辈心理咨询工作中，通过一系列筛查和培训工作，选拔录用了一批作为朋辈心理咨询员的学生，开展相应的心理咨询与辅导工作，但是学生的阶段性和流动性导致培训出的学生可能做了一年的工作就不再做了，因此高校的心理健康教育工作就又重新开始新的筛查和选拔、培训工作，心理咨询员的任职以及工作的传承，也是高校心理健康教育工作者予以思考的问题。目前，对于朋辈心理咨询的模式无论是在理论上还是实践上都处于探索阶段。如果我们能更全面地考虑相关的问题，从人员的选拔、培训及使用策略方面步步把关，相信在大学中推广朋辈心理咨询，不仅能从根本上解决当前心理健康教育中遇到的"僧多粥少"的问题，更为重要的是，能从根本上解决大学生面临的心理问题，提升大学生的心理素质和心理健康程度。

（三）心理健康协会

随着各高校心理健康意识的不断提高，绝大多数学校都成立了以普及、宣传心理健康知识为目的的心理健康协会，还有部分学校的心理健康协会隶属于学校心理健康教育与咨询中心，定期开展各种素质拓展活动，促进高校学生心理健康保健知识的宣传。此外，各个学校的心理健康协会也可以相互参观学习，共同致力于心理健康知识的普及，提高大学生的心理健康水平。

1.心理协会现状

高校学生社团活动是素质教育的重要途径和有效方式，在加强校园文化建设和高校学生综合素质、引导学生适应社会、促进学生成才就业等方面发挥着重要作用，是新形势下有效凝聚学生、开展思想政治教育的重要组织动员方式，是以班级年级为主开展学生思想政治教育的重要补充。学生社团也是我国校园文化建设的重要载体，是我国高校第二课堂的引领者，而心理健康类社团在高校校园文化建设工作中同样起到了不可或缺的作用。

一般认为，心理协会的属性有别于其他学生社团，主要是因为其指导单位大都为校心理健康中心，该中心在多数高校中隶属于校学生工作部，也有高校将该中心放置于校团委，工作上接受共青团指导。在少数心理专业完善、学科健全、师资过硬的高校，心理健康中心独立存在并全面开展心理咨询和专业课教授等相关工作。但无论心理健康中心隶属于何职能部门或独立存在，它所指导的心理协会或多或少都带有一些所谓的"官方色彩"，这在一定程度上为学校的心理健康工作提供了有力支持，为校心理协会的高质长效建设创造了先决条件，对校园文化的蓬勃发展起到关键作用。心理协会发展至今日益成熟，近年来，有学者对"心理健康协会"这一称谓进行过探讨，焦点在于"健康"二字，认为这一称谓会对学生造成一种"不健康"的暗示，拟将"心理健康协会"改称为"心理协会"。

2.心理协会日常活动模式和作用

（1）面向学生群体宣传心理健康基础知识。心理协会充分利用微博、人人网等在学生群体中较为流行的网络平台并辅以传统的展板宣传、心理知识手册发放、心理健康知识竞赛、心理讲座、心理电影研讨、心理剧演出等多种方式普及心理健康知识；同时，针对不同年级制定活动方案，根据不同年级的心理特点和阶段性任务进行心理调适及疏导。

（2）团体心理辅导。团辅可以实现心理健康教育对象的最大化和全员化。同时，这种方式对于非专业的心协同学来说也相对易于操作。团辅的特点在于通过团体成员提供彼此交往、相互作用的机会，使成员增加自我认识、自我肯定、促发积极交往行为，并最终协助个体自我了解、自我发展以及自我实现。

（3）朋辈咨询。朋辈咨询是由经过受训或督导的非专业人员提供具有心理辅导功能的帮助过程。相对于专业心理咨询而言，朋辈辅导又被称为"准心理咨询"或"非专业心理咨询"。高校中一般利用朋辈辅导员队伍和心理协会内部的人员对有轻微心理负担的同学进行辅导和咨询，其特点是咨询者和被咨询者是朋友、同辈的关系，在一些问题上能产生共鸣，而且通过朋辈咨询，可以及时发现一些存在的有严重心理问题的个案，及时上报学校并采取相应的补救措施。

3.心理协会存在的问题

心理协会对于高校学生心理健康工作的促进和支持是值得肯定的，同时，它作为一个学生社团在发展过程中遇到一些瓶颈，出现一些问题，产生一些困惑，也是必然的。

（1）社团定位不够明确。所谓"工欲善其事，必先利其器"。在研究做什么之前，首先应该明确我们应该怎样去做，把握好目标和方向，这对于社团建设和发展是至关重要的。目前，高校心理健康协会普遍热衷于开展大量的一般性社团活动，例如，野外素质拓展、心理剧展演、心理专题讲座等。这些活动对于营造健康的心理氛围、增强社团成员的凝聚力以及促进社团的良性发展固然是起到了积极作用，但是也存在一定局限性，即在单个社团本身得到提高的同时却忽略了对整个校园心理健康工作的良性辐射，或者说，心理协会的活动大有演变为一个小圈子内自娱自乐行为之趋势：圈子内热火朝天，圈子外毫不相关，心理协会的工作逐渐失位。每个学生社团都应当明确自身定位，清晰地认识到本社团在校园文化建设中所扮演的角色。心理协会必须以提高心理素质，优化学生心理品质，促进学生心理健康为本位，通过开展形式多样的第二课堂活动来普及心理知识，进而保证学校心理健康教育工作高质长效发展。在这样一种态势下，社团可以促进学校又好又快发展，而学校也为社团的全面建设提供有力保障，两者有机结合，相得益彰。

（2）组织构架尚待完善。目前很多高校在开展大学生心理健康教育工作中，建立了三级网络组织体系，即以学校（院）层面为主的第一级网络，以学院（系）层面为中间层的第二级网络，以班级（团支部）为基层的第三级网络。心理健康中心在代表学校层面的心理健康教育工作指导委员会的指导和监督下，开展全校的大学生心理健康教育工作，并与各学院（系）保持密切沟通，及时妥善处理上报备案。这样的组织架构分工明确，各部门协同合作，收效甚佳。而对于作为学校社团的心协来说，能将其内部组织体系进行有效合理的搭建就已属不易，更不要说实现社团组织体系的多层级外部延伸了。这也直接导致一系列问题的出现，主要体现在校心理健康中心在指导校心协工作尤其是涉及第二课堂活动的工作时，其相关指导内容往往定格于校心协这一层面，而无法传达至学院（系）和组织。正因为在学院（系）一级并没有能与校心协进行沟通交流的对应组织机构，校心协自身所应具有的组织架构就存在不足，其协助学校心理健康中心开展工作的效率势必大打折扣。

（3）活动形式缺乏新意。心理协会的创建可以追溯到20世纪90年代，经过近20年的发展，心理协会目前所取得的成绩以及所做出的贡献都是有目共睹的。十年前的心理协会在校园内可谓明星级社团，通过团辅、素拓等既新鲜又温馨的活动为平台，心协吸引了大批学生入会或参加其活动。进入21世纪以后，尤其是随着共青团关于社团文件的出台，高校内学生社团如雨后春笋般蓬勃涌现。齐全的社团种类、繁多的社团数量、精彩的社团活动都极大地丰富了学生的第二课堂生活，反观仍沿袭传统活动模式的心理协会，在新形势下就略显故步自封了。锐减的社团人数、逐渐小众化的社团活动，也在一定程度上影响了学校心理健康教育全局工作的有效开展。这就要求我们反思多年不变的心协活动内容和形式是否结合时代和学校工作的特点，是否满足当下青年学生的需求，是否顺应心理健康教育的大趋势。

4. 心理协会的发展策略

（1）增强教师指导水平。高校社团建设一贯秉承"三自"原则，即自我管理、自我教育、自我服务。但在强调自我的同时，我们也应该客观地认识到，学生的心智在大学阶段处于一个上升期，需要老师的引领和指导。学生社团的发展也同样如此。而对于心理协会这样还肩负辅助校园心理健康教育工作的社团来说，指导老师所扮演的角色就显得更为重要。

指导老师的水平分两方面，一方面是专业水平：心理协会的指导教师大都属校心理健康中心，本身就是专职的心理咨询师，应当熟练掌握人格心理学、教育心理学、医学心理学、心理测量学、发展心理学、变态心理学、咨询心理学等心理学专业基础理论；另一方面，高校心理老师是一个专业性很强的职业，应当重视心理专业的继续学习以及相关心理咨询技能的定期培训。只有这样，他们才能更负责、更有效地指导心理协会学生、传授心理知识。另一方面，心理协会的指导老师也是一线学生工作者，需要了解学生工作的一般规律，有效地将心理咨询和心理健康教育融入学生工作中，理顺各种工作关系。同时，应不断加强自身管理水平的提升，有意识地帮助心理协会健全组织架构，通过职能部门和学院（系）之间的横向联系，逐步建立分心协制度，使每一个学院（系）都有能和校心协进行有效对接的机构，并以此作为上传下达的纽带，将学校心理健康教育工作更全、更好、更广泛地辐射到尽可能多的学生个体中去，实现校园心理健康工作的整体飞跃。

（2）完善硬件配套设施。一般来说，学生社团自筹活动经费，活动场地也限于学校提供的可供第二课堂活动用的教室、报告厅、会议室等，基本上不涉及额外的硬件设施。但心理协会的性质比较特殊，它的活动在很大程度上依赖于相对专业的场地和设备。学校应给予高度的重视和投入，在场地上尽可能多地设团辅室、咨询室；在资金上尽可能多划拨一些，以购置相应器材。心理健康器材大多价格不菲，如果学校的资金投入尚有缺口的话，还可以考虑使用校外资源，和高校所属辖区的大学城管委会、街道等建立合作关系，建立院校的心理共建站，此举既可争取到资金支持，同时也将服务社会落到实处，多方共赢。

（3）加大政策引导力度。目前，很多高校都在尝试或已经开始实施第二课堂学分制度，要求学生在毕业前必须完成若干第二课堂学分，学生可通过聆听讲座、参加社会实践、学术科技竞赛等多种途径去获得相应第二课堂学分。可将参加心理健康活动列在第二课堂学分获取范围之中。这样一来，对心理知识感兴趣或对心理状况有疑惑的同学通过参加心理协会的活动、同辈心理互助以及心理咨询等活动既满足了个体实际需求，又获取了一定的第二课堂学分，这对学校心理健康教育工作无疑将起到极大的促进作用。

三、高校朋辈心理辅导资源管理开发外部保障机制

（一）发挥高校管理制度的开发作用

1. 学生工作管理部门完善活动宣传机制

目前，部分学生认为高校以加强心理健康教育宣传力度和形式，有的学生存在心理问

题，但是找不到学校心理咨询中心的联系方式与工作地点；有的学生想参加学校举办的心理健康教育活动，但是由于获得信息的渠道较窄，需询问班级心理委员或自行搜索，往往错失参与的机会，宣传力度较弱、宣传形式单一，导致大学生心理健康教育不能真正渗透到学生身边。

高校在开展心理健康知识与活动宣传工作时，应贴近实际生活、贴近学生要求，以大学生主要的信息获取方式、能够迅速引起学生群体关注与扩散的渠道将心理健康宣传融入学生的校园生活中。

第一，重视心理健康教育课程教学，在课堂中运用知识讲解、视频录像、学生自主学习等方式普及知识，提高学生的学习兴趣和主动，引导学生认识到自己才是自身心理健康的第一责任人，有意识地在日常生活中时刻关注自身心理状态，主动调节自身的心理问题。

第二，高校各部门、各单位应集合内聚力，主动将心理健康教育知识与活动宣传融入高校各项学生工作中，使学生能随时获取相关信息。

第三，采取学生喜闻乐见、深入人心的宣传方式，线上与线下结合宣传，加强新媒体服务平台建设，宣传内容要标题简要、重点突出、内容凝练，构建较为完善的心理健康教育宣传体系。

2.财务部门建立专项经费管理制度进行改革和尝试

各种措施都是以一定的资金投入为基础的，如果面临资金不足的问题，任何有意义的改革都可能是收不到良好效果的。高校学生工作管理部门应更充分地认识到大学生心理健康教育对实现个人全面发展的重要意义，对学生自我成长与未来发展的重要意义，落实心理健康教育的专项经费的使用，加大心理健康教育经费投入力度，制定相应的实施办法，保障朋辈心理辅导的日常活动开展。

高校的财务部门应使用专项经费支持基础建设，纳入学校年度预算，专项单列，专款专用，并争取逐步增加。除了将经费用于购置科学的心理测量软件系统，建立学生心理追踪档案，学校每年应划拨一定比例的学生经费，用于学生自主开展各项心理健康活动、心理健康教育场所与设备的改善、心理评估设备的采购、朋辈心理辅导员的培训以及酬金等。改善现有心理健康教育与咨询中心、团体辅导室、学生心理社团、素质拓展的设施、设备，为进一步开展朋辈心理咨询、个体心理咨询、团体辅导创建条件。参考国内外经验，确定专业人员的定编标准，协助人事等部门明确专业人员的职称待遇，学生朋辈心理辅导员要明确工作量计算办法，落实必要的待遇。心理健康教育资源难以满足学生对心理咨询活动需求的高校，可通过购买服务的形式，保障学生的心理健康服务。

此外，财务部门应完善对学生专项经费的管理，通过信息公开、全校监督、参与管理等方式，落实专款专用，避免专项经费被挪作他用。

3. 人事部门保障师资力量

目前，高校进行心理健康教育与朋辈心理辅导指导工作的专业师资力量整体较为短缺。师资力量配置方面，大部分高校都能够满足心理健康教育工作的基本需求，但是与发达地区的高校相比，专业教师队伍并不完善，管理机制不完善，无法保障教育质量。教学、科研、咨询工作的同时开展导致专业教师的任务重，压力大，难以保证各项工作的全身心投入。要在高校普遍提高大学生心理健康教育工作水平，高校管理部门的重视、师资专业化培训、建立成熟的师资队伍必不可少。

第一，高校要建设一支以心理学专职教师与心理咨询师为骨干、辅导员和兼职教师为补充、心理委员和朋辈心理辅导员为桥梁的心理健康工作队伍，在各自职责范围内共同参与高校心理健康教育工作。不仅要增强专业教师的数量，保证更多的心理咨询师与专业教师服务于全体师生，而且要加强心理委员和朋辈心理辅导员的组织、宣传、普及、预警、互助等作用，充分利用朋辈心理辅导员的天然优势，发挥助人和自助作用，打通高校心理健康教育工作的最后一步，力争让每名大学生都能够对心理的发展性需求具备一定的自我调节能力，提高大学生心理健康整体水平。

第二，开展多种形式的师资培训。高校管理部门应充分考虑本校具体情况，针对不同的问题，开展不同的培训项目，如心理咨询力量短缺，通过招聘新教师、培训心理咨询师、与校外社会机构合作等方式开展培训项目；大学生心理健康教育专业教师缺乏，对心理健康教育师资进行培训；现有师资力量专业度不足，开展能力培训项目等。这些培训项目不仅局限于高校自身，可以由教育厅统筹，依托某个高校或培训基地，有针对性地对同样问题的师资力量进行培训，解决高校的共性困难。

第三，增强与发达地区高校心理健康教育师资队伍的交流与合作，提高高校师资力量的专业性与先进性。高校不仅可以通过与具备优秀经验的高校联谊，把教师分批分层次送往优秀高校进行培训，零距离观摩学习相关制度建设与实践经验。高校也可以定期邀请心理健康教育专家到本校开展观察、座谈、讲座等活动，在介绍他校经验的同时，听取本校教师的问题介绍，有针对性地指导心理健康教育以及朋辈心理辅导工作，提高教师的专业能力，提高教育质量。

4. 建立监督机制

在大学生对高校心理健康教育的现状调查中，班级心理委员开展活动流于形式、心理健康教育活动形式化是大学生对高校心理健康教育工作不满的最大原因，有学生表示，班级心理委员从未开展过班会、团体辅导等活动，对其工作不认真、走过场的现象不满较为严重。形式主义指的是脱离现实生活实际需求，只看现象而不分析本质的工作作风，其实质是主观主义，根源在于责任心缺失，用光鲜亮丽的表面形式掩盖了实际工作内容的落实。产生形式主义作风的原因较为复杂，包括思想观念不重视的惯性、责任意识的缺失、工作能力的不足、体制机制的不完善等。如果想要提高大学生参与高校心理健康教育工作的积极性和担当精神，高校心理健康教育各个环节的管理中都要杜绝形式主义作风。

首先，要组织监督监察力量开展实际调研，发现突出问题，摸清形式主义在不同部门、不同环节的工作中的表现，把握共性、突出个性，便于开展针对性的管理与教育工作。

其次，要树立实事求是的作风，听取广大师生的真实感受，保护师生的个人隐私，尤其注重学校心理健康教育工作的基层执行中存在的问题。

最后，建立心理健康教育工作者的责任意识，履行行为主体应尽的义务，自觉担当心理健康教育的主体责任，提升广大学生心中的良好感受，提高学生对高校心理健康教育的满意度。

此外，高校管理部门还应建立监督评价机制，由学生、教师、行政部门、活动执行者等多主体对心理健康教育相关工作的执行人进行科学、公正、透明的监督，设置合理的监督与评价标准，强化心理健康教育工作评价的结果导向。对形式主义行为及时纠正，养成在监督机制的阳光下工作的习惯；加强组织领导，建立明确的责任机制，减轻心理委员、朋辈心理辅导员以及教师工作者不必要的心理负担。

（二）健全大学生自主管理机制

1. 管理部门的权力下放

（1）完善心理健康教育工作的推进机制。学校要切实把心理健康教育融入高校学生工作的各个环节，把促进学生心理健康放在重要位置，注重提高学生身心健康水平。

首先，学生工作处、心理健康与咨询中心等相关部门组织领导和统筹协调，达成共识，把心理健康教育作为大学生素质教育和通识教育的重要内容，纳入学校教育教学体系。

其次，高校应掌握大学生的身心发展的实际情况，通过大学生心理健康问卷普查与心理状况追踪档案，整合健康教育资源，制定符合各校大学生实际需求的心理健康教育方案。

最后，建立专兼职相结合的心理健康服务队伍，完善多部门各自负责、协同推进朋辈心理辅导的工作机制，设有心理学专业的高校要充分发挥专业优势，加强对朋辈心理辅导工作的技术支撑与专业指导；没有开设心理学专业的高校应在现有心理咨询师与专业教师队伍的基础上，聘用合格的兼职教师，重视朋辈心理辅导员队伍的建设。

（2）倾听学生的声音。学生在高校的生活中更了解学生，他们在遇到困难、迷茫的时候常常会寻求同学的帮助甚至学习朋辈学生的做法。高校在开展心理健康教育时应充分听取学生的意见，把朋辈心理辅导的开展作为高校心理健康教育中的重要任务，鼓励学生正视心理健康的重要性，转变对心理问题的态度，加大对朋辈心理辅导的宣传力度，让有些学生认识到朋辈心理辅导工作助人与自助的优势特征。高校朋辈心理辅导工作中心、学生支持小组、团体辅导等学生为主导运行的组织形式通过学生对自身所处群体的熟悉与亲密等优势，充分发挥大学生的创造性与主动性，往往能取得良好的效果。目前有些高校朋辈心理辅导社团或工作站的建设并不健全，虽然是由学生主导活动的举办，但多数处于承办学校任务、指导教师自上而下进行管理的被动状态，学生自我管理的主动性并未得到全面发挥。高校应在心理健康服务活动中推广朋辈心理辅导独立机构的建设，由学生独立完成朋辈心理辅导活动的策划，参与校级大学生心理健康教育活动的设计，指导教师与校管理部门将管理与决策权力下放到学生机构，仅提供必要的指导与参与决策，提高学生在大学生心理健康活动的参与度和主动性，提高大学生的自主管理能力。

（3）让所有学生受益。为每个学生提供同等的心理健康教育机会和心理辅导与咨询服务是高校的一大挑战。"同等"不仅是指学校在规则上明确所有学生享有公平的权利，而且采取措施针对不同性别、家庭经济条件、社会地位、性格特征等背景的学生提供合适的途径，保证所有学生获得高质量的心理健康教育和服务。在对部分高校学生的调查中，学生对高校心理健康教育的普及性要求较高，相当比例的学生认为高校开展的心理健康教育工作存在感低，没有渠道得知相关活动信息；而且高校学生来自全国各地，家庭条件、个体成熟度、社会适应能力各有不同，对心理帮助的需求也表现出不同的方向。目前有些高校的心理健康教育活动存在多宣传、多普及、少特殊关注、少局部重视、少实践等问题。高校通过培训心理委员、选拔具有个性特质的学生成为朋辈心理辅导员，具备一定的心理学与管理学知识，能够主动参与高校心理健康教育工作，不仅能打通学生心理倾诉的最后一步，在日常生活中普及心理健康知识与活动信息，使更多学生参与相关活动，而且可以实现学生助人与自助、危机识别与自我调节的作用，使朋辈学生和自己都受益。

2. 实现大学生自主管理的路径

大学生自主管理包括自我管理与参与学校管理两部分，在高校的管理行为中，应强调学生的主体地位，大学生既是管理活动的接受者，又是管理行为的决策者与实施者。目前，有些高校在心理健康教育工作中，已将部分活动的管理权与下放至学生社团、学院二级心理健康教育工作站，但仍存在下级机构管理权力有限、学生无法在实际意义上参与学校管理等现象。高校心理健康教育管理活动应从传统的行政管理向引导与服务方向转变，实现自主管理、自我教育、服务育人的有机结合，大学生参与高校管理过程是必不可少的重要组成部分。自主管理机制建设是当前教育管理框架下的学生自治的实现，也是高校管理活动由行政转向服务的重要转型。如陶行知所言："学生自治，不是自由行动，乃是共同治理；不是打消规则，乃是大家立法守法；不是放任，不是和学校宣布独立，乃是练习自治的道理。"自主管理作为充分发挥学生主体性地位的有效方式，是教育作为主体性建构活动的"育人"功能的实践性表达。

高校心理健康教育的学生自主管理机制建设主要从几个方面进行。

第一，构建发展性心理健康教育，在高校心理健康教育中，突出学生的主体地位，发挥主体作用。高校学生工作管理部门建立学生参与机制，在实践活动中充分体现学生的主体性，通过学生社团、社会实践、校园活动等形式，建立学生主动创新活动形式、策划活动方案、宣传活动内容、普及心理健康知识的长效机制。在课堂教学中，教师要树立以人为本的教育理念，在教学中将学生视为心理健康教育的参与主体，引导学生树立自身的主体意识，在教学过程中与学生平等互动，吸引学生参与课堂话题与训练的兴趣，提高学生的主动性和积极性。

第二，确立心理健康教育的本土化模式。高校心理健康教育工作要结合学校自身实际情况，尤其是朋辈心理辅导工作，应结合学校自身的专业设置、校园心理健康环境、人文内涵、大学精神以及学生身心发展情况，将专业特色、校园文化、学生身心特点等因素融合到高校心理健康教育工作中，各要素相辅相成，探索适合本校的教育模式。

第三，建立全员参与的网络系统。高校心理健康教育应树立"教书育人、服务育人、管理育人"的理念，通过课堂教学评价、参与公共事务管理、朋辈心理辅导服务学生等方式实现全面育人的原则。一方面，学校自上而下完善"4+1"心理健康教育网络，学校、学院、班级、宿舍与社会机构建立联动机制，形成立体化的教育体系；另一方面，学校学生工作处（部）、校团委、大学生心理健康教育与咨询中心等相关部门要指导、协助学生群体建立自我教育的机构，如朋辈心理辅导中心、大学生心理健康自我教育基地，加强学生培训、提供硬件与软件资源、指导学生设计科学化的自我激励与约束机制，实现大学生的自律与自主意识的培养。

第四，建立大学生的参与决策机制。大学生是高校管理活动的最核心主体，是高校发展的最直接利益相关者。高校应建设利益相关者共同参与决策的制度，大学生通过固定形式参与高校生存与发展的管理决策活动，在高校管理行为中实现利益相关者的动态平衡，鼓励学生争取自身权利、实现自主管理。另外，大学生应主动参与决策过程，实现自主管理的活动需要科学评估其实现程度，这是大学生有效参与决策的重要保障。高校学生管理部门应定期对大学生自主管理的状况进行评估，了解学生的主观意愿与个人感知情况，有效引导学生对自身独立行为能力进行评估，了解自身状态与自主管理目标的差距，有针对性地采取措施改进问题，使大学生自主管理自觉内化为个体的行为方式，提高学生对自身心理健康的关注度与行为调节能力。

第三节　朋辈机制建设在校园心理危机干预中的模型

一、高校朋辈心理辅导问题

在已有的研究中，朋辈心理辅导主要存在几个方面的问题。

（一）国内高校朋辈心理辅导面临本土化困境

朋辈心理辅导从美国传入中国之后在国内迅速发展，通过朋辈辅导帮扶团、朋辈心理咨询员等模式发挥作用，但是部分高校在本土化过程中有盲目引进的问题，没有因地制宜开展。

（二）朋辈心理辅导缺乏物质和体制的保障

目前，我国高校朋辈心理辅导很大部分是依托于学生自发形成的社团组织和心理协会，例如朋辈心理协会等。由于学生社团自身的限制，在朋辈心理辅导实施的过程中，既缺乏资金、设备、场地等物质保障，也缺乏体制和机制的支撑，这大大影响了其实施的有效性。

（三）朋辈心理辅导缺乏适用的培训体系

朋辈心理辅导员是朋辈心理辅导实施的关键力量，然而在实际工作中，仍存在缺乏适用培训体系的问题。目前，国内高校的朋辈心理辅导培训教材往往是借鉴国外教材而来，缺乏一定的针对性，再加上需要培训的朋辈心理辅导员人数众多，在实践中往往采取上大课或做讲座的方式开展培训，因此，培训效果欠佳，进而影响了朋辈心理辅导的实施效果。

（四）朋辈心理辅导缺乏专业督导

朋辈心理辅导员的非专业性决定了其只能解决一些基本问题，在同学出现严重的心理问题时，就需要向心理专业教师寻求帮助，但是国内大多数高校未开设心理学专业，心理专业教师也比较匮乏，在日常工作中更是缺乏专业教师对朋辈心理辅导的督导。

（五）奖励机制缺乏

工作积极性偏低，大多数高校的朋辈心理辅导组织都是学生自发组成的，在长期"义务"劳动和无激励机制的情况下，加上职责上没有明确的定位，存在朋辈心理辅导员积极性偏低的情况。

二、建设系统化的朋辈资源配置体系

（一）建立专业化的分工梯队

大学生在校园生活中长期处于班级与宿舍范围，价值观念与行为标准相似的朋辈群体是其主要社交成员领域，朋辈教育成为高校心理健康教育四级结构中的基础环节。多数高校朋辈心理辅导员队伍建设处于初步发展阶段，并没有形成专业化、系统化的朋辈心理辅导队伍，与其他心理健康教育工作者的联系中处于服从地位，没有形成协同发展的良好氛围。科学建立大学生朋辈心理辅导梯队是开展大学生心理健康教育工作的重要任务。

大学生朋辈心理辅导队伍建设主要分为五个层面：

第一层，以宿舍为单位，选拔宿舍心理负责人，关注本宿舍同学的心理状况。

第二层，以班级为单位，选拔心理委员，负责联系宿舍心理负责人，及时识别具有心理问题的学生。

第三层，以年级为单位，选拔心理联络员，广泛联系各个班级，策划符合本年级特点的各类心理健康知识宣传、开展团体辅导、素质拓展等活动，营造良好、积极的心理氛围。

第四层，以学院为单位，建设心理工作站，现任朋辈心理辅导员担任骨干，与学院心理辅导员共同协调开展全院学生心理健康教育的推广，广泛宣传学院心理工作站，采取多样化的形式与来访者进行沟通，及时解决学院大学生存在的心理问题，同时负责心理健康教育相关信息的上传下达工作。

第五层，以学校为单位，成立朋辈心理辅导员团队，由心理健康与咨询中心的专业心理咨询师进行督导，联手校级心理协会等大学生心理成长社团，负责协调、组织全校朋辈心理辅导工作，开展心理健康教育相关活动。

（二）构建心理问题学生的预警体系

朋辈心理辅导工作除了日常的个体辅导与团体辅导外，还有一项重要的工作：发现心理危机、发出心理预警、对心理危机的学生进行即时监控。目前，部分高校心理健康教育工作偏重已经出现心理问题的学生的心理咨询与危机干预，朋辈心理辅导专业化与心理预警体系建设较为滞后。在高校朋辈心理辅导体系建设中，心理预警体系建设必不可少。

高校应构建朋辈心理辅导工作中的五级预警体系，自下而上逐级递进，各级工作各有侧重。在学校一级，学生和教师构成两条主线，形成以教师为主、朋辈心理辅导员为辅，宿舍、班级、年级、学院、学校五个层面分工协作的立体心理预警体系；学院的心理工作站、年级的心理联络员组织协调各类心理活动，普及心理学知识，预防心理问题的发生，负责统筹疑似或出现心理危机状况学生的观察、联络与辅导工作；班级的心理委员与宿舍心理负责人侧重对一般心理问题的疏导，中重度心理问题的识别与转介，心理危机的预警与监控，是朋辈心理辅导预警体系的基层信息来源。无论是哪一层级的朋辈心理辅导人员，在遇到紧急危机事件或严重心理危机时，应按照规定程序立即向学院心理工作站的朋辈心理辅导员或负责心理健康教育工作的辅导员老师报告，并且由较亲近的朋辈心理辅导人员对危机当事人进行 24 小时的观察与监控，为专业心理工作者的干预行动提供宝贵的信息与时间。

（三）建设形式多样的辅导体系

培养学生的社会适应能力与问题解决能力是朋辈心理辅导工作的重要目标，高校朋辈心理辅导工作应根据本校学生的突出发展性问题，有针对性地建立大学生社交情感、心理情绪、学业辅导等多维辅导体系。

1.建立心理情绪问题辅导体系

存在心理困扰的大学生首选的倾诉对象即身边的朋辈群体，因此，高校要搭建朋辈交流互助的线上线下同步平台，开展多主题、多形式的朋辈心理辅导活动，使学生在身处困境、情绪波动强烈时能及时接受朋辈心理辅导员的援助，在朋辈教育活动中倾诉个人心理问题，加强沟通与交流，在朋辈心理辅导员的引导下进行自我认知、自我反思、自我教育，尽快摆脱焦虑、紧张、抑郁等消极状态。

2.建立社交与情感体系

朋辈心理辅导工作员应帮助来访者建立多层次、全方位的社会交往与情感体验体系，鼓励来访者积极参与校园生活、文体活动、社会实践，参加感兴趣的学生组织与朋辈群体，引导大学生在实践中理解他人、包容他人、帮助他人，树立责任意识、相互信任、乐观精神，增强社会交往与人际关系技巧，培养大学生协作沟通、团队凝聚、处理复杂人际情感关系和适应社会的能力。

3.建立朋辈学业互助体系

学习是大学生校园生活中的主要内容，部分学生由于民族、地区、成长经历不同，导致对高校教学的不适应、学业优势的丧失，出现一定的学习障碍与心理落差，可能会产生自卑、抑郁、厌学等不良情绪。各学院应建立全面的学业帮扶机制，组织朋辈心理辅导员、心理委员等高年级学生对低年级学生进行面对面辅导，交流专业学习、校园生活等方面的经验，优化大学生的学习技巧，解决低年级学生（尤其是新生）的学习困境。通过朋辈学业帮扶，降低大学生的学习压力，实现课堂授课与课外学习的互动管理，提高大学生的自我效能感。

（四）建立高校校际互助系统

在我国，朋辈心理辅导还是一个比较年轻的心理帮助方式，尚在逐渐完善中，高校的心理健康教育也是如此。在高校中，建立专业的朋辈心理辅导工作站、由大学生自主运营并开展规范化的朋辈心理辅导工作的学校数量十分有限。专业咨询师资力量的有限性，使得大学生心理健康教育主要关注和服务的对象大多局限于有心理障碍以及明显心理危机问题的学生，对有发展性心理需求的学生则关注较少。大学生在进入高校后，许多人是第一次独立生活，面对全新的社会环境，承受着来自人际交往、社会适应、日常生活、学习、择业、情感、自控等多方面的压力，倾诉和寻求帮助的渴望会越来越强烈。朋辈心理辅导作为一种针对发展性需求的心理辅导模式，是对高校心理健康教育工作的补充和完善。

三、建设高校朋辈心理辅导文化基地

（一）构建健康的校园文化渗透环境

高校心理健康教育工作面向全校学生，具有人数多、分布广、多样性的特点，这就需要高校心理健康教育工作在最大范围内关注校园健康的、积极的心理环境建设，并且通过生活化、综合化、多样化的渠道对学生的日常生活进行渗透。

目前部分高校对大学生心理健康工作的日常工作主要是关注存在心理问题的学生，为其提供心理咨询与心理治疗，这部分学生仅仅是高校大学生中的少数群体，而对全体学生在人格成长过程中发展性与心理问题预防的普及性指导的重视程度不足。在大学生心理健康教育工作过程中，这容易导致学生出现更多情绪化和情感性问题，影响高校的校园心理健康环境向积极方向发展，导致心理健康教育工作的效率与效果难以提升。

多样化的朋辈心理辅导活动通过建构健康的校园环境，能够转变大学生对心理问题的偏见认知。朋辈心理辅导员作为学生群体的一员，能够增强高校心理健康教育工作队伍的力量，通过在班级、年级、学院、学校等层级开展朋辈心理咨询、班会、团体心理辅导、知识竞赛、社团活动、素质拓展等多种活动，在朋辈心理辅导工作场所、校园内任何场地对来访者进行情绪的疏导和心理问题的支持、引导，宣传心理健康知识，通过日常生活将解决心理问题的重要性和迫切性传递给学生，让宿舍、教室、校园各场所处于相对健康的情境中。

高校学生工作处（部）等管理部门在对学生心理健康环境因素的优化时，不应直接、主动干预学生的心理问题，应着眼于长远发展的需要，通过转变学生身边朋辈群体的观念，改善学生所处的心理与生活环境，进而减少学生的心理问题。高校大学生心理健康与咨询中心、学院学生工作辅导员老师、朋辈心理辅导员不应直接找心理问题学生进行心理咨询与辅导活动，而应对该生的朋辈进行指导，促进朋辈与学生更好地沟通交流，通过了解学生对心理健康教育的多样化需求，改善学生周边的心理环境和生活环境，通过环境的潜移默化功能对心理问题学生进行间接干预和积极治疗。

（二）提高学生社团的活动有效性

学生社团是在校团委指导下，由学生自发成立的民间组织，它是大学生自我教育、自我服务、自我管理、自我价值实现的重要基地，是高校心理健康教育工作推广的有效载体。目前，有些高校基本已在校团委和校心理健康与咨询中心的指导下成立大学生心理协会、大学生成长互助团等社团，部分高校建立较为专业的朋辈成长团，通过选拔、培训等程序成立朋辈心理辅导员群体。但较为专业的朋辈心理辅导员群体在部分地区的高校普及度较低，多数社团的作用仍然处于心理健康知识宣传、学校相关活动承办等初级阶段，并没有独立开展朋辈心理辅导服务、设计朋辈心理辅导员培训方案、策划大学生心理健康教育工作的能力。

高校应成立系统化、专业化的朋辈心理辅导机构，组建朋辈心理辅导员社团，由大学生进行独立的日常运营和管理工作，在宽松融洽、自由、平等的社团环境下，尽最大可能发挥朋辈群体的信任、共享、共同成长的优势，促进朋辈心理辅导员的相互沟通与经验交流，提高朋辈心理辅导员群体的附属感。社团在日常运行中，应定期组织各种开放式、参与性的研讨活动，调动社团成员、全体学生的主动性和参与积极性，让学生在讨论、交流、研讨活动中剖析自我、探索自我、反思自我，提高自己对自身的认知，实现自我教育的目的。

（三）改善场地设施等硬件资源

为贯彻落实《"健康中国2030"规划纲要》中对学校健康教育提出的工作要求，加强高校健康教育，提高高校学生健康素养和体质健康水平，教育部于2018年印发《高等学校学生心理健康教育指导纲要》，明确指出高校要多渠道开展心理健康教育、多途径加强心理健康教育教学能力建设，主要任务是推进知识教育、开展宣传活动、强化咨询服务、加强预防干预，为心理健康教育工作的开展提供队伍和硬件保障。

学生工作处（部）要为心理健康教育配备专门的硬件设施，为大学生心理健康教育教学、科研等工作开展条件保障。在大学生对高校心理健康教育的满意度调查中，场地设施不显著、学生求助无门是学生不满高校心理健康教育工作的重要因素，学生不知道学校心理咨询中心、团体辅导室的场所何在，有心理问题也不知道到哪里寻求帮助，很容易导致学生心理问题日益严重。高校应建设相对独立的朋辈心理辅导工作站，为朋辈心理辅导活动开展提供必要的办公场地和设备，给予学生足够的空间，发挥朋辈心理辅导的作用，解决学生对心理辅导工作的隐私性和保密性的硬件担忧。同时，建设校内外心理健康素质拓展基地，培育高校心理健康教育工作优秀示范基地、辐射推动区域高校心理健康教育工作。

高校应根据大学生心理健康教育工作的特点和要求，设立数量足够、布局合理、基本设施完备的工作场地，如辅导室、测评室、积极心理体验中心、团体辅导室、综合素质训练室等。加强学院及学生宿舍区心理辅导室的建设，在学院设立二级心理辅导站，由学院分管心理健康工作的辅导员和学院朋辈心理辅导员、心理委员等值班工作。

参考文献

[1] 刘超. 从心理援助到生命提升——新形势下大学生心理危机干预实践与反思 [J]. 湖北经济学院学报：人文社会科学版，2021，18（8）：126-128.

[2] 全国社会工作者职业水平考试教材编写组. 社会工作实务中级 [M]. 北京：中国社会出版社，2020：313.

[3] 张瑶，董绍伦，刘辉，等. 职业化背景下辅导员在大学生心理危机干预中作用的思考 [J]. 改革与开放，2018（17）：141-143.

[4] 董迅石. 校园网贷背景下大学生心理健康教育研究 [J]. 广东职业技术教育与研究，2018（4）：82-84.

[5] 唐月芬.《精神卫生法》与大学生心理危机干预工作研究 [J]. 煤炭高等教育，2017，35（5）：96-99.

[6] 李五一，周卓华，王玉娟，等. 大学生心理危机现状分析及对策研究——以四川旅游学院为例 [J]. 现代商业，2018（28）：191-192.

[7] 邓黎崇. 高校辅导员在大学生心理危机干预中存在的问题与对策 [J]. 才智，2018（28）：198.

[8] 王忠宝. 健康管理视角下的高校大学生心理危机应对 [J/OL]. 沈阳大学学报（社会科学版），2018（5）：616-619.

[9] 刘润香，涂威. 论大学生心理危机评估的几个问题 [J]. 教育现代化，2018，5（36）：242-246.

[10] 宋玲枝，高莹. 高职院校学生心理危机的预防与干预 [J]. 产业与科技论坛，2018，17（17）：280-281.

[11] 孙庆瑶. 朋辈辅导在学生心理危机干预中的应用 [J]. 才智，2014（26）：196.

[12] 林丽斯. 朋辈哀伤辅导与关怀：心理委员危机干预专题培训 [J]. 中小学心理健康教育，2020（4）：28-31.

[13] 张开富，牛祥宇，杨早霞，等. 朋辈心理辅导的理论与实践 [J]. 新教育时代电子杂志（教师版），2015（32）：58.

[14] 康纯佳. 高校朋辈心理辅导员培训中危机干预的教学重点研究 [J]. 产业与科技论坛，2020，19（12）：187-188.

[15] 施成. 朋辈辅导在学生心理危机干预中的应用 [J]. 基础教育研究，2013（3）：50-52.

[16] 陈晓美，李丽娜，刘璇.朋辈心理辅导在大学新生适应性教育中的应用研究 [J].河北联合大学学报（医学版），2013，15（5）：736-737.

[17] 吴遐.大学生心理健康教育的现状与对策探析 [J].法制博览，2020（14）：233-234.

[18] 李敏，康纯佳.网络背景下大学生朋辈辅导新模式的探索 [J].文存阅刊，2019（3）：37.

[19] 吕利敏.朋辈心理辅导在大学生心理健康教育中的价值与应用 [J].产业与科技论坛，2020（3）：127-128.

[20] 付蓉.高校朋辈心理健康教育队伍的构建和培养机制 [J].佳木斯职业学院学报，2020（6）：60-61.

[21] 姚婕，张慧，冯翊，等.大学生心理危机的识别与干预工作策略探究——以西安工程大学为例 [J].西部素质教育，2019（2）：84-86.

[22] 李同法，李凤英，焦瑞超，等.社会主义核心价值观视域下大学生朋辈心理辅导工作模式构建研究 [J].法制与社会，2020（13）：193，237.

[23] 闫海燕.朋辈心理辅导对高中生人际关系的影响研究 [D].呼和浩特：内蒙古师范大学，2019.

[24] 刘欣雨.高校朋辈心理互助体系的构建探究 [J].现代职业教育，2019（28）：108-109.

[25] 陈玉梅，陈珊珊.自媒体在高校学生心理危机干预中的作用 [J].高教探索，2017（8）：112-116.

[26] 郑剑斌.大学生心理危机分析与干预对策研究 [J].理论观察，2017（11）：140-142.

[27] 高雯，董成文，窦广波，等.心理危机干预的任务模型 [J].中国心理卫生杂志，2017，31（1）:89-93.

[28] 徐震虹.以萨提亚模式促进心理危机干预中的家校合作 [J].合肥师范学院学报，2018，36（2）：82-85.

[29] 唐志红.大数据背景下大学生心理危机的干预 [J].西部素质教育，2019，5（24）：87-8.

[30] 于福志.大数据时代 [M].长春：吉林文史出版社，2017.

[31] 周志琳.大数据视域下的大学生心理危机识别与干预机制构建研究 [J].法制与社会，2019（24）：137-138.

[32] 维克托·迈尔·舍恩伯格，肯尼思·库克耶.大数据时代 [M] 盛杨燕，周涛，译.杭州：浙江人民出版社，2013.

[33] 陈卫，陆宽宽.高校大数据思想政治教育工作的伦理反思 [J].北方工业大学学报，2019，31（3）：119-123.

[34] 王伟伟.构建高校心理危机干预的主动防御新模型 [J].校园心理，2018，16（5）：386-387.

[35] 殷菲.浅探《精神卫生法》下高校心理危机干预模式 [J].知识文库，2020，4：

27-28.

[36] 王端薛. 基于"心理危机干预——情感教育"模式的高校心理辅导工作实践创新 [J].
才智，2019（34）：68-69.

[37] 聂红建，许玮. 高职院校辅导员对学生心理危机干预模式探究——以某高校有效实施
危机干预案例分析为例 [J]. 中国培训，2019（8）：68-69.

[38] 陈婧，韦海燕. 基于萨提亚治疗模式的高校心理危机干预对策探索 [J]. 智库时代，
2017（17）：134，136.

[39] 蒋曼玲，谭小莉，曾川. 我国高校学生心理危机干预模式研究综述 [J]. 延边教育学
院学报，2019，33（3）：28-30.

[40] 潘红. 项目教学法在中职机械制图课程教学中的应用 [J]. 内蒙古煤炭经济，2020（16）：
221-222.

[41] 叶军峰. "三三制"现代服务业人才培养新模式 [J]. 中国培训，2011（8）：12-14.

[42] 许世梅，潘曦. 高校辅导员协同参与心理危机干预探究——基于"生命守门员项目"
的思考 [J]. 高校辅导员学刊，2019，11（2）：55-58.

[43] 陈玉梅，陈珊珊. 自媒体在高校学生心理危机干预中的作用 [J]. 高教探索，2017（8）：
112-116.

[44] 董晔，贾芷莹，王建玉，等. 情境学习对心理危机干预技能提升效果的评价 [J]. 上海
交通大学学报（医学版），2019，39（5）：539-543.

[45] 赵琳. 北京某大学 1997—2009 年学生因病休学原因分析 [J]. 中国学校卫生，2012（4）：
443-444.

[46] 张忠宇，丛建伟. 个案管理视角下高校心理危机干预的思考 [J]. 高校辅导员，2020，2
（1）：60-63.

[47] 季文泽，汤琳夏. 高校心理危机干预工作的实践与反思 [J]. 高等教育研究学报，2019（3）：
53-59.

[48] 马建青，朱美燕. 大学生心理危机及其干预现状的调查分析 [J]. 学校党建与思想教育，
2014（23）：73-75.

[49] 李勤，胡国良. 浅析个案管理模式在高校心理危机工作中的应用 [J]. 科教导刊（电子版），
2018（13）：58.

[50] 秦雪. 高校学生心理危机管理反思与对策 [J]. 中国管理信息化，2017，20（16）：
244-245.

[51] 马颖哲，靳小川，叶静. 高校辅导员提高学生心理危机事件处理能力的对策探讨 [J].
教育教学论坛，2016（24）：35-36.

[52] 裴涛，周红，陈瑜，等. 高校心理危机干预动态化管理探究 [J]. 高校辅导员，2015（6）：
21-25.

[53] 刘德洋，裴俊．高校心理危机干预的法律问题研究 [J]．教育与职业，2015（32）：70-72．

[54] 战燕．论大学生心理危机管理系统的构建 [J]．辽宁行政学院学报，2014，16（6）：116-118．

[55] 贾凤翔．心理咨询技能在高校辅导员工作中的应用分析 [J]．科技信息，2014（12）：318-319．

[56] 刘庆华．构建高校学生心理危机管理体系的研究 [J]．湖北经济学院学报（人文社会科学版），2013，10（12）：143-144．

[57] 王景．高校构建危机学生立体化干预体系的思考 [J]．卫生职业教育，2012，30（12）：17-18．

[58] 谢宜勤，张程．一例公共卫生事件下大学生心理危机案例的干预及启示 [J]．科学大众科学教育，2021（2）：163-169．

[59] 郭旭霞，刘月红．积极心理学在大学生心理危机干预中的变革路径 [J]．吕梁学院学报，2021，11（1）：70-75．

[60] 王潇然．如何有效预防与干预高职院校大学生心理危机的研究 [J]．文存阅刊，2021（5）：29．

[61] 杨逸隆，韩瑞平，段兴华，等．家庭因素引发的大学生心理危机干预对策研究 [J]．兰州教育学院学报，2020，36（1）：88-89，94．

[62] 张琬晴．农村大学生心理危机预防及其疏导 [J]．现代农业研究，2020，49（1）：90-91．

[63] 胡中秀，刘凤林．大学生的失恋心理危机及其对策研究 [J]．产业与科技论坛，2020，19（13）：89-90．

[64] 骆莎．论大学生心理危机干预的现代转型 [J]．思想理论教育，2020（1）：107-111．

[65] 刘超．从心理援助到生命提升——新形势下大学生心理危机干预实践与反思 [J]．湖北经济学院学报：人文社会科学版，2021，18（8）：126-128．

附　录

附录1　学生心理危机预警登记表

学生心理危机预警登记表

年　　月　　日

学号		姓名		性别	
出生年月		系别		班级	
辅导员		辅导员 联系电话		本人联系电话	
家庭住址				所在宿舍	
家长姓名		（□父亲　□母亲）		家庭联系电话	
主要问题及表现	陈述需要关注学生的主要问题，如因情感受挫或人际关系紧张而造成的情绪情感困扰，学习困难且出现连续多门课程不及格，不与他人交流，独来独往，生活学习中遭遇巨大打击（亲人死亡、父母离异等）等。需要关注学生无法适应也自我调适不过来的情况，详情可参见《学生心理危机排查报告制度》中的"二、心理危机排查对象"。 　　错误示范1："作为留守者，思想不稳定，家庭经济压力大。"（描述事实过于简单，且未针对学生心理状况进行描述，这一状况不太像心理问题，像经济困难。） 　　错误示范2："家庭氛围不佳，与父母沟通少。"（陈述的是家庭状况而非学生所遇到的心理方面的问题。） 　　学生心理危机等级（三选一）（参考《学生心理危机排查报告制度》）： 　　重大心理危机事件（Ⅰ级）/较大心理危机事件（Ⅱ级）/一般心理危机事件（Ⅲ级）				
家庭情况	离异/留守经历/丧亲/父母残疾/经济状况/获助学金等级等，请详细描述需要关注学生家庭基本情况，包括经济状况，家里子女多少，本人排行老几，是否离异留守等，并了解清楚需要关注学生家庭关系如何，学生与父母长辈关系如何，学生本人对于家庭状况的体会和想法。 　　错误示范："家庭经济压力大，家庭收入较低"（描述过于简单，仅是客观事实陈述，未从学生心理学角度说明学生家庭状况，学生本人的体会和感受未做陈述。）				

初步干预措施	是否需要进一步咨询（即是否需要进一步心理中心介入咨询） 1.是 2.否 请说明辅导员、心理老师和系部在了解需要关注学生基本情况、对学生心理危机状况处理和追踪关注方面所做的工作，如需心理中心介入咨询，请说明在初步干预之后所遇到的问题和困难。 示例：9月15日，第一次进行访谈时了解该生对学习不是很上心，经常请假或旷课，最近情感上没有大的问题。 11月14日，该生室友们向我反映最近一两个月她表现异常，每晚凌晨三四点睡觉，严重影响本人和其他室友睡眠。12月15日与其面谈，了解她最近状况，发现她与家里发生了矛盾，情绪不太稳定，认为室友干涉太多。 该生在交流后情况好转了一段时间，但是之后又开始晚睡，影响他人，对其教育效果不佳。情绪激动，在谈到父母时流下了眼泪，建议心理中心介入咨询
辅导员签名	

注：本表一式两份，一份交学工部心理健康教育与咨询中心，一份系部存底。

附录2 学生心理危机定期排查制度

为更好地帮助有严重心理问题的学生渡过心理难关，及早预防、及时疏导、有效干预，快速控制学生中可能出现的心理危机事件，降低学生心理危机事件的发生率，减少学生因心理危机带来的极度痛苦体验甚至生命损失，特制定《学生心理危机排查报告制度》。

一、心理危机概述

（一）概念界定

学生心理危机，是指当学生面临突然或重大生活逆境时，如亲人故去、父母婚姻破裂、家庭天灾人祸、恋爱失败情感受到重大打击、学习目标和兴趣丧失而极端消沉、经济生活极度贫困而自卑、生活遇到严重挫折等所出现的心理失衡现象。

（二）心理危机等级

根据心理危机事件可能导致后果的严重程度将心理危机事件分为重大事件（Ⅰ级）、较大事件（Ⅱ级）和一般事件（Ⅲ级）三级。

1.重大心理危机事件

发生自杀或自杀未遂事件。精神病人处于急性发作期，自伤或伤人行为正在发生。

2.较大心理危机事件

（1）生活学习中遭遇突然打击，如家庭发生重大变故（亲人死亡、父母离异、家庭暴力等）、遭遇性危机（性伤害、性暴力、性侵犯、意外怀孕等）、受到意外刺激（自然灾害、校园暴力、车祸等其他突发事件），并伴有强烈的情绪和行为反应。

（2）患有严重心理疾病，并已经专家确诊的学生，如患有抑郁症、恐怖症、强迫症、癔症、焦虑症、精神分裂症、情感性精神病等疾病的学生。

3.一般心理危机事件

（1）在心理健康测评中筛查出来的有心理障碍或心理疾病。

（2）因情感受挫、人际关系失调等导致的心理或行为异常者。

（3）因学习困难、经济困难、适应困难、就业困难等出现心理或行为异常者。

（4）由于身边的同学出现个体危机状况而受到影响，产生恐慌、担心、焦虑、困扰的学生，如与自杀或他杀者同宿舍、同班的学生等。

二、心理危机排查对象

存在心理危机倾向和处于心理危机状态的学生是关注与上报的对象。确定存在心理危机一般是指存在具有重大影响的生活事件，情绪剧烈波动或认知、躯体或行为方面有较大改变，且用平常解决问题的方法暂时不能应对或无法应对眼前的危机者。

对存在下列特征之一的学生，应作为心理危机预警的高危个体予以上报。

（一）基于学生家庭基本情况的特征

（1）父母离异、家庭暴力或长期离开父母。

（2）家庭经济非常贫困，并因此感到极度自卑。

（3）曾有精神疾病就诊经历或有精神疾病家族史。

（4）有既往自杀未遂史或家族中有自杀者。

（5）感到社会支持系统长期缺乏或丧失。

（二）基于学生生活事件的特征

（1）遭遇突发事件而出现心理或行为异常，如持续的家庭矛盾、家庭重大变故、学校发生突发事件或个人发生重大事件等。

（2）就业困难、中高考失败而来学校就读。

（3）最近恋爱出现重大波折，难以走出失恋的阴影，痛不欲生。

（4）面临毕业，未拿到相应技能证书或其他原因无法正常毕业。

（5）经常旷课或在课堂上睡觉，不愿接受别人帮助。

（6）对自己要求过高，过于看重某一方面，个人承受挫折能力低。

（三）基于心理与身体的特征

（1）对自己失去信心，否定自己，常与别人说起死亡之类的事。

（2）心理上无缘无故地感到惊慌、恐惧与焦虑。

（3）患有残疾或严重的慢性躯体疾病，治疗周期长，当事人痛苦难忍。

（4）身体上常常无端感觉不舒服，医学检查却一切正常。

（5）对任何事情都失去兴趣。

（6）逻辑思维混乱、言语表达不清晰。

（四）基于行为与情绪情感的特征

（1）无缘无故地将自己珍贵的东西送人或有计划地安排后事。

（2）谈论过自杀并考虑过自杀方法，包括在信件、日记、图画或乱涂乱画的只言片语中流露死亡的念头。

（3）出现明显的、突然的改变，如性格、情绪和行为习惯发生突然的变化。

（4）患有严重精神疾病，主要是抑郁症、精神分裂症、双向情感障碍，具有非常鲜明的自杀倾向。

（5）似有妄想、幻听、自言自语，畏惧与他人接触。

（6）情绪低落抑郁或情绪突然从低落变为平静，或饮食睡眠受到严重影响。

（7）长期沉迷于网络游戏，影响正常学习与生活。

（8）长期具有睡眠障碍，存在入睡困难、早醒或者睡眠过多等，长期疲劳或精力不足。

（9）存在明显的攻击性行为或暴力倾向或其他，可能对自身、他人、社会造成危害。

（10）情绪突然明显异常，如特别烦躁，高度焦虑、恐惧，易感情冲动等。

（11）生性孤僻，独来独往，落落寡合，拒绝与人沟通。

（12）个人坐立不安，注意力不集中，缺少安全感，却说不出所以然来。

（13）与宿舍关系紧张，经常与寝室成员发生矛盾，缺乏正常的人际沟通技能。

（14）经多次做思想工作，口头上同意改进，行动上却没有任何改变。

（五）基于心理健康教育中心反馈的特征

（1）在新生入学心理健康测试中筛查出来。

（2）在心理健康档案系统显示预警或未显示预警但总分接近异常。

（3）在日常咨询过程中反馈给辅导员。

三、排查的理念

（1）心理危机排查是为进一步了解并主动帮扶心理危机潜在群体所做的基础性信息收集工作，是防范心理危机于未然的关键工作环节，各系部、心理老师、辅导员要高度重视，深入学生一线，充分发挥各班级心理健康委员、寝室长（信息安全员）等人员的作用，采取学生干部主动报告或辅导员侧面调查等间接方式开展排查工作。

（2）心理危机排查除了依靠信息收集外，可以充分利用学院的心理健康档案系统，各系部、辅导员要充分利用此心理管理系统，可以有目的性地为本系、班学生做相应的心理测评，科学地排查出有心理症状的学生。

（3）心理危机排查工作，只是对学生心理健康状况的一般性排查了解，不是对学生心理状况的最终诊断。对筛查出的学生要多给予关注，但切忌另眼相看，更不要随意给学生贴上有心理问题的标签，以免给学生造成新的压力或伤害。

四、心理危机排查流程

（一）排查时间

每学年定期排查四次，时间分别为每学年的 3 月、5 月、9 月和 11 月。

（二）上报流程

（1）各系部通过心理老师、辅导员、班级心理委员深入了解学生情况，排查和筛选存在潜在心理危机的学生。

（2）由辅导员将本班排查和干预情况记入《学生心理危机预警登记表》并上报到系部。

（3）由各系心理辅导员汇总后于当月 15 日交至心理健康教育与咨询中心。

在工作中要注意保密原则，遇到突发事件，随时与心理健康教育与咨询中心联系。

附录 3　校园心理危机干预使用工具

大学生心理危机筛查问卷

亲爱的同学你好！

非常感谢你能参与本次调查，你的回答有助于我们了解大学生在日常生活中存在的心理问题。以下问题都没有标准答案，你的回答也没有对错之分，请根据自己的真实感受选择与你实际情况最相符的选项，有助于你了解自己和保证此研究的科学性。本次测验为匿名填写，所得信息与数据仅作研究使用，我们会做到严格保密，绝不将信息外泄，请放心填写。

衷心感谢你的支持！

首先请将你的个人资料填写完整，请在下划线"＿＿＿"上填写你的信息，在题项的序号上打"√"。

（1）年级：1.大一 2.大二 3.大三 4.大四

（2）专业类别：1.文史 2.理科 3.工科 4.艺体

（3）年龄：＿＿＿＿＿＿

（4）性别：1.男 2.女

（5）你的既往病史：1.无 2.有（难产、早产、肺炎、肝炎、结核、脑炎、脑膜炎、痉挛、头部外伤，其他：＿＿＿＿＿）

（6）你的近亲中，有精神卫生方面的问题吗？有无（有病、中毒、自杀、去向不明等）

如果有，是：（如父母、兄弟、祖父母、叔舅、姑姨、表兄弟、堂兄弟）

（7）父母婚姻：1. 良好 2. 失和 3. 离异 4. 丧亲，父亲或母亲

（8）你的生活环境：1. 城市 2. 城镇 3. 农村

（9）是否为独生子女：1. 是 2. 否

（10）成长状况：1. 单亲家庭 2. 双亲家庭 3. 他人照顾

（11）家庭关系氛围：1. 不太好 2. 一般 3. 较好

下面请根据你的真实感受和实际情况，在与你实际情况最相符合的选项1、2、3、4、5上打"√"。注意：以下每个题项均为单选，请不要多选漏选，请尽量避免选择"3（不确定）"，谢谢。

题　目	非常不符合	比较不符合	不确定	比较符合	非常符合
1. 我感到恶心或胃部不舒服	1	2	3	4	5
2. 我感到肌肉酸痛	1	2	3	4	5
3. 我缺乏热情和积极性	1	2	3	4	5
4. 我会与人打交道	1	2	3	4	5
5. 我感觉容易衰弱和疲乏	1	2	3	4	5
6. 我常做噩梦	1	2	3	4	5
7. 我感到身体的某一部分软弱无力	1	2	3	4	5
8. 我容易烦恼和激动	1	2	3	4	5
9. 我感到手或脚发重	1	2	3	4	5
10. 遇到困难时，我可以得到解决实际问题的帮助	1	2	3	4	5
11. 我长期患有慢性疾病且无法根治	1	2	3	4	5
12. 我感到一阵阵发冷或发热	1	2	3	4	5
13. 我害怕别人注意我的短处	1	2	3	4	5
14. 我的身体发麻或刺痛	1	2	3	4	5
15. 当我向他人倾诉烦恼时，我可以获得支持和理解	1	2	3	4	5
16. 我曾经威胁过我认识的人	1	2	3	4	5
17. 我感觉喉咙有梗塞感	1	2	3	4	5
18. 我感到人们对我不友好，不喜欢我	1	2	3	4	5
19. 我在身体或外貌方面有特别自卑的地方	1	2	3	4	5
20. 我晚上睡眠不好	1	2	3	4	5
21. 我总觉得有人想跟我作对	1	2	3	4	5
22. 我觉得自己某个地方长得非常难看	1	2	3	4	5
23. 我因身患疾病而忧愁	1	2	3	4	5
24. 我会尽量看到事物好的一面	1	2	3	4	5
25. 事情不顺利时，我常常会感到挫败并想放弃	1	2	3	4	5
26. 别人对待我的方式常使我感到愤怒	1	2	3	4	5
27. 我觉得自己的长相或身体有生理缺陷	1	2	3	4	5
28. 遇到挫折，我喜欢一个人闷在心里，自己承受	1	2	3	4	5
29. 我最近失窃、财产损失或欠债过多	1	2	3	4	5

题　目	非常不符合	比较不符合	不确定	比较符合	非常符合
30. 我觉得自己有严重的皮肤病	1	2	3	4	5
31. 我与父母关系不和	1	2	3	4	5
32. 我会长时间心情低落	1	2	3	4	5
33. 我经常与他人发生矛盾冲突	1	2	3	4	5
34. 我懂得如何应对压力	1	2	3	4	5
35. 我觉得自己有某方面的功能缺陷（如视力、听力、性等）	1	2	3	4	5
36. 我感到紧张或容易紧张	1	2	3	4	5
37. 别人惹了我，我觉得只要有机会就应报复	1	2	3	4	5
38. 我觉得自己外貌过丑	1	2	3	4	5
39. 我不能很好地控制自己的行为	1	2	3	4	5
40. 我懂得如何安慰自己	1	2	3	4	5
41. 我难以控制自己的脾气	1	2	3	4	5
42. 我感到世界对我很冷漠	1	2	3	4	5
43. 我可以得到家庭成员的全力支持和照顾	1	2	3	4	5
44. 我感到坐立不安，心神不定	1	2	3	4	5
45. 我心里焦躁	1	2	3	4	5
46. 我担心自己有病	1	2	3	4	5
47. 家庭对我施加较大的学习压力	1	2	3	4	5
48. 我心里总感觉有事情	1	2	3	4	5
49. 我一阵阵地哭出来或是想哭	1	2	3	4	5
50. 我无故感到疲劳	1	2	3	4	5
51. 我对任何事情都没有兴趣	1	2	3	4	5
52. 生活在这个丰富多彩的时代里是多么美好	1	2	3	4	5
53. 我经常责怪自己	1	2	3	4	5
54. 我感到做任何事情都很困难	1	2	3	4	5
55. 我无缘无故地感到害怕	1	2	3	4	5
56. 我有想死的念头	1	2	3	4	5
57. 我感到学习负担重	1	2	3	4	5
58. 我受到批评或处分	1	2	3	4	5
59. 我会选择接受现实，因为没有其他办法	1	2	3	4	5
60. 我过于担心将来的事情	1	2	3	4	5
61. 我容易入睡并且一夜睡得很好	1	2	3	4	5
62. 我感到苦闷	1	2	3	4	5
63. 我感到无精打采，犹豫不决	1	2	3	4	5
64. 我感到自己的精力下降，活动减慢	1	2	3	4	5
65. 我曾经有过自杀行为	1	2	3	4	5
66. 我觉得自己没有什么价值	1	2	3	4	5
67. 我觉得别人能控制我的思想	1	2	3	4	5
68. 在遇到困难时，我可以得到安慰和关心	1	2	3	4	5
69. 我不愿意和别人交往	1	2	3	4	5
70. 我能听到旁人听不到的声音	1	2	3	4	5

题　目	非常不符合	比较不符合	不确定	比较符合	非常符合
71. 遇到烦恼时我经常向亲友或组织求援	1	2	3	4	5
72. 我觉得活着没有意思	1	2	3	4	5
73. 我对集体活动不感兴趣	1	2	3	4	5
74. 我总感觉别人瞧不起自己	1	2	3	4	5
75. 我会无缘无故地生气	1	2	3	4	5
76. 我怀疑旁人知道我内心的想法	1	2	3	4	5
77. 我感到有人在检视自己，谈论自己	1	2	3	4	5
78. 我感到真的快乐或有价值	1	2	3	4	5
79. 我常常幻想可能发生某种奇迹改变现状	1	2	3	4	5
80. 我不满所在学校、专业	1	2	3	4	5
81. 我与同学、室友相处不和	1	2	3	4	5
82. 我性格开朗	1	2	3	4	5
83. 我感到有人要迫害自己	1	2	3	4	5
84. 有时我想一死了之，但又矛盾重重	1	2	3	4	5
85. 我有多个密切关系，可以得到支持和帮助	1	2	3	4	5
86. 我感到自己的身体有严重问题	1	2	3	4	5
87. 我从未感到和其他人很亲近	1	2	3	4	5
88. 我感到自己的脑子有毛病	1	2	3	4	5
89. 我受到意外惊吓的影	1	2	3	4	5
90. 我与恋人关系不和	1	2	3	4	5
91. 我认为自己处处不如别人	1	2	3	4	5
92. 我现在重伤或重病	1	2	3	4	5
93. 我时常感到悲观失望	1	2	3	4	5
94. 我对酒精或药物过度使用、依赖	1	2	3	4	5

感谢你能坚持填完此份问卷！